Verslo teisė

Books by Tadas Klimas

Comparative Contract Law:
A Transystemic Approach
with an Emphasis on the Continental Law
Carolina Academic Press, 2006

Teachers' Manual for Comparative Contract Law:
A Transystemic Approach
with an Emphasis on the Continental Law
Carolina Academic Press, 2007

Lithuanian Short Stories
(editor & translator)
Transnational Press 2009

———◆———

VERSLO TEISĖ

TADAS KLIMAS

———◆———

2015

Set in Liberation Serif

Verslo teisė
ISBN-13: 978-0981844145
ISBN-10: 0981844146
Published by: Transnational Academic Press
             paldies12345@yahoo.com

Verslo teisė

Tadas Klimas

Dedikacija

a.a. mano seneliui,
pulk. Raimundui Liormanui
Klaipėdos krašto komendantui
nuostabiam herojui

TURINYS

Įvadas

Ši knyga skiriama verslininkams ir yra apie verslo teisę. Knygos idėja yra paprasta: suteikti skaitytojui raktą, padedantį geriau suprasti teisinę savo verslo aplinką, kad pastarasis galėtų efektyviau ir saugiau puoselėti savo verslą. Knygoje ne tik aiškinama apie teisės taisykles, bet taip pat nurodomos ir dažnai pasitaikančios problemos, kurios gali neigiamai paveikti verslą. Galbūt svarbiausia tai, kad knygoje skaitytojui pateikiami patarimai dėl su verslu susijusių derybų pravedimu ir net dėl verslo modeliavimo.

Knyga parašyta per daugelį metų. Visos jos dalys buvo jau anksčiau paskelbtos Lietuvos spaudoje, tačiau dabar yra gerokai atnaujintos, praplėstos, pagerintos tam, kad ji būtų aktualesnė dabartiniam skaitytojui. Knygoje pateikiama daugybė išnašų, stengtasi nurodyti ne tik paprastuosius šaltinius, bet taip pat ir tuos, kuriuose galima nemokamai gauti daugiau informacijos internete. Pateikiamas ir indeksas, kurio pagalba galima greitai susirasti norimą dalį, sąvoką, idėją ar sprendimą.

Knygoje aptariami tokie svarbūs verslo teisės institutai kaip pagrindinės įmonių formos, sutarčių sudarymas ir kt.

Ypatingas dėmesys skiriamas sutartims: pateikiama trijų dalių „sutarties anatomija", kurioje komentuojamos sutarčių sudėtinės dalys, patariama, kaip derėtis. Paaiškinamos ypatingai problematiškos sutarčių rūšys, pavyzdžiui, tarpininkavimas arba komisas. Suteikiamos žinios apie svarbiausius teisės taisyklių „kodus", kurie praktiškai paveikia visus Lietuvos verslininkus (Unidroit, Prekių konvencija, ES pardavimų kodeksas, Europos sutarčių teisės principai (PECL)). Taip pat gvildenamos sąvokos kaip „autorinės teisės" ir „licencijos".

Visa tai daroma lyginant, kritiškai pažvelgiant į lietuvišką teisę ir aplinką. Siekiama ne tik konstruktyviai kritikuoti, bet suteikti gilesnį supratimą apie aptariamus klausimus. Norima suteikti skaitytojui – verslininkui ar ir ne verslininkui, siekiančiam geriau suprasti teisę sveiku protu, – dirvos diskusijoms. Kaip bebūtų, susipratęs verslininkas, subrendęs pilietis nori geriau suprasti savo aplinką, todėl šioje knygoje toks skaitytojas galės aptikti ir skirsnius apie laisvę, teisę, konstituciją, net apie savigyną.

Taip pat, norėčiau atkreipti dėmesį į tai, kad šia knyga siekiama ir paveikti skaitytoją. Moksliškai tariant, knyga turi ne tik pranešimo funkciją, bet tai pat ir poveikio funkciją.

O stilistiškai, galima sakyti, kad šia knyga siekiama atlikti ne tik pranešimo, bet ir poveikio funkciją. Arba dar tiksliau, šių straipsnių mokslinės informacijos, vad. pranešimo, funkcija, sąlygojama straipsnių poveikio funkcijos.

Matote, knyga siekiama suteikti aiškesnį ir „sveikesnį" mąstymą tais atvejais, kuriais akivaizdžiai dar yra užsilikusi sovietinė teisė, nevakarietiška mąstysena. Šis siekis ir yra sunkiausias ir neaišku, kaip pavyks. Galbūt tik ateitis parodys.

Sutarties anatomija 1 dalis

Apskaitos, audito ir mokesčių aktualijos
2010 m. sausio 4 d., pirmadienis, Nr. 1 (577)

KARTĄ ĮĖJĘS į auditoriją dėstyti, ant „sakyklos" radau paliktą raštelį, matyt, dėstytojo iš ką tik praėjusio užsiėmimo. Turbūt, ką tik pasibaigusios paskaitos metu buvo paklausta: „Kas yra sutartis?" Raštelyje buvo tik šis sakinys: „Sutartis ... yra popierius, kurį pripažįsta ir palaiko įstatymas."

Nors sutartis, kad ir tarp įmonių, gali būti žodinė, ir nors rašytinę sutartį gali įtakoti ir išorinės aplinkybės bei žodiniai įrodymai, mano tikslas šiame straipsnyje nėra nei nagrinėti žodinių sutarčių problematiką ar žodinių pakeitimų santykį su rašytine sutartimi. Mano tikslas – pakomentuoti, būtent, rašytinę sutartį, tokią, kurią paprastai galėtų aptikti verslininkas. Žinoma, mano nagrinėjama sutartis bus subendrinta, nes šiame straipsnyje nenagrinėsiu jokios specifinės sutarties.

Pavadinimas

Sutartys paprastai turi pavadinimą: *Pirkimo-pardavimo, Nuomos, Darbo* ar panašiai. Ar sutartis privalomai turi turėti pavadinimą, kad galiotų? Ne. Tačiau dažniausiai sutartis turės pavadinimą, kuris atitiks sutarties dalyką (žr. toliau).

Kai dar galiojo senasis sovietinis CK (tai yra, 1990-2001), buvo populiaru vadinti visas sutartis tiesiog *bendradarbiavimo* sutartimis. Iš tikrųjų, sutartyse šalis atsako tik už savo prievoles, o prievolės atsiranda siekiant išgauti kažką naudingo iš kitos šalies, taip, kad bendradarbiavimas nėra tikslas, dėl kurio yra sudaroma sutartis, nebent bandoma steigti partnerystę, todėl sutartys neturėtų būti vadinamos bendradarbiavimo sutartimis.

Nota bene: Nesakau, kad sutarties šalys neprivalo bendradarbiauti. Sutarties šalys iš tikrųjų privalo (tam tikra prasme) bendradarbiauti: šalis turi dėti protingas pastangas tam, kad kita šalis galėtų įvykdyti savo prievoles. Tačiau tai yra teisės taisyklė, kuri ir šiaip operuoja. Bendradarbiavimas, kaip bebūtų, nėra nei sutarties tikslas, nei sutarties rūšis, išskyrus tose valstybėse, kur partnerystė steigiama paprasta sutartimi.

Patarimas: parinkti sutarčiai pavadinimą pagal pagrindinę joje numatomą teisinę operaciją; jeigu tai problematiška, pavadinti tiesiog sutartimi.

Numeris

Kartu su pavadinimu kartais būdavo rašomas numeris. Joks reikalavimas, kad būtų numeris, nėra žinomas. Tačiau numeruoti sutartį gali būti naudinga, jeigu, sakykime, yra didelė įmonė, kuri nuomoja šimtus tam tikrų objektų/prietaisų ar pan. vartotojams ar smulkioms įmonėlėms.

Kyla problemos, kai įmonės yra panašaus dydžio. Vieną kartą turėjau labai protingą padėjėją. Mes atstovavome ne itin didelę įmonę, kuri norėjo išsinuomoti patalpas iš kitos, irgi ne ypatingai didelės įmonės. Sutartis buvo ilgalaikė ir klientas pageidavo, kad būtų registruota kadastre. Nueina mano padėjėja registruoti. Klerkas žiūri ir nenori priimti. Klerkišku balsu užsipuola: „O kur gi numeris!!?" Galvoja, kad sutraiškys žmogų ir nueis laimingas namo, gerai padirbėjęs. Tačiau mano padėjėja nepėsčia. Ji pamirksėjo, pamirksėjo, ir tarė: „Žinote, viena įmonė norėjo, kad sutartis turėtų vieną numerį, o kitai įmonei tai buvo visai kitas numeris. Taigi jos niekaip nesusitarė dėl numerio, ir todėl sutartyje jo nėra." Klerkas buvo priblokštas ir pasidavė: priėmė sutartį ir ją registravo.

Man atrodo, kad noras numeruoti sutartį kyla iš noro ją pagrąžinti, suteikti jai formalumo. Jeigu toks noras nenugalimai stiprus, yra gudrus ėjimas: numeruoti pagal kalendorinę datą, pridedant po taško panašių dokumentų eilės skaičių, kaip antai Nr. 20091231.01.

Patarimas: sutarčių nenumeruoti, nebent kontrahentas (tai yra, antroji sutarties šalies) yra vartotojas arba sutartys vienodos ir jų tiek daug, kad numeris tikrai padeda jas atskirti. Jeigu jaučiama, kad būtinai reikia sutartį pagrąžinti, reikia ją numeruoti pagal kalendorinę datą.

Data ir sudarymo vieta

Data. Kartais data yra pateikiama sutarties pradžioje, o kartais kitoje sutarties vietoje. O kartais iš viso nepateikiama. Ar yra būtina ją pateikti? Ne. Visos sutartys, kurios egzistuoja šiandien jau yra sudarytos. Svarbu ne sutarties sudarymo data, bet kada turi būti įvykdyta prievolė. O dėl to yra teisinės taisyklės. Taigi, data gali būti įrašoma, tačiau tai reikia daryti atsargiai.

Žinoma, gali būti numatyta atskiroje sutartyje, kad prievolė turi būti atlikta per tam tikrą laiką nuo sutarties sudarymo. Visais tokiais atvejais sutarties sudarymo data yra akivaizdžiai svarbi aplinkybė. Tokiais atvejais būtų neprotinga sutarties sudarymo datos neįrašyti į sutartį. Tačiau ... sutartis sudaryta nenurodant datos vis tiek galiotų; svarbu ne kada sutartis sudaryta, o svarbu kada prievolė privalo būti atlikta.

Sudarymo vieta. Kiek mačiau sutarčių, kuriose nurodyta, kad jos sudarytos Kaune ar Vilniuje, kai šalys yra įsikūrusios visai kitur arba net užsienyje. Kuo daugiau sakoma netiesos, tuo didesnė tikimybė, kad teismas nepatikės ir kitomis sutarties dalimis arba jas interpretuos neprognozuojamai, kadangi tokiu atveju teismo neįtikinsi, kad vis dėlto buvo tiksliai susitarta. Kitaip sakant, netiesa priveda prie netikslumo, o, jeigu sutartis netiksli, tai kam tada prie jos vargti? Kam stengtis, derėtis? Viskas netenka reikšmės. Todėl, ko gero, patartina iš viso neminėti sutarties sudarymo vietos, kadangi lengva suklysti ir susimauti, o teisybę pasakius, sudarymo vietos minėjimas nesuteikia privalumų.

Panašiai su datomis. Jeigu sutartis sudaroma vienoje vietoje, tai gali būti, kad ją pasirašė tuo pačiu metu. Tačiau, jeigu sutartis sudaroma paštu arba šalių buveinėse ne tuose pačiuose miestuose, yra abejotina, ar buvo pasirašyta ta pačia data. Todėl kiek protingiau yra sutartyje įrašyti, kad ji įsigalioja nuo tam tikros datos šalims ją patvirtinus. CK net turi specifinį straipsnį, kuris nurodo, kad rašytinė sutartis gali apimti žodinį susitarimą, kurį šalys turėjo iki rašytinės sutarties patvirtinimo.

Patarimas: sutartyse reikėtų nurodyti, kad sutartis įsigalioja nuo tam tikros dienos, o dėl sudarymo datos reikėtų pamąstyti, ar iš viso verta tai minėti.

Rekvizitai

Lietuviškos sutarties pradžioje dažnai aptiksime formuluotes, kad tam tikros joje vardijamos įmonės sudaro šią sutartį ir, kad joms atstovauja tam tikri, joje išvardyti žmonės. Dažniausiai dar pridedamas sakinys, kuris lyg ir paaiškina, iš kur tas žmogus įgavo galią atstovauti įmonei. Na, galima sutarties pradžioje išvardyti įmones, nors galima ir vėliau sutartyje paaiškinti, kad, tarkime, pirkėjas yra UAB Įmonėlė, kuri turi tam tikrus rekvizitus. Kitaip sakant, jeigu rekvizitai pateikiami kitur, ne sutarties pradžioje, tai pati sutarties pradžia nėra apkraunama detalėmis (įmonės kodu, adresu, t.t.) ir tampa aiškesnė, grakštesnė. Tai yra todėl, kad yra natūralu norėti dokumento pradžioje įvardinti jo esmę, matyti surašytą kas yra svarbiausia, o ne rekvizitus, skaičius, formuluotes.

Patarimas: nukelti kiek galima daugiau rekvizitų iš sutarties pradžios į galą ir surašyti aiškiai, vienoje vietoje. Tada ir paprasčiau visus rekvizitus surašyti; daugiau telpa, lengviau rasti.

Atstovai ir įgalinimai

Lietuvoje yra įdomus įprotis pačiose pirmose sutarties sakiniuose surašyti, iš kur kilo atstovų, pasirašančių sutartį, įgaliojimai. Čia gan jau lietuviškas reiškinys, kadangi nesu to aptikęs tarptautinėse ar Vakarų Europos sutartyse; kitaip sakant, nėra normalu Europoje nurodyti atstovus ir jų įgalinimų tariamą kilmę pirmuosiuose sakiniuose (ir, beje, iš viso nėra įprasta įrašyti kažką dėl įgalinimų tariamo pagrindo).

Visų pirma, stilistiškai yra labai keista tai, kad pirmuosiuose sakiniuose būtų kalbama apie atstovus. Pradžioje reikėtų minėti svarbiausius dalykus: galima ten identifikuoti pačias šalis.

Antra, dėl įmonės vadovo dažnai aptinkama frazė „veikiantis pagal įstatus" yra bereikšmė. Visi bendrovės darbuotojai veikia pagal jos įstatus. Jeigu atstovas yra įmonės darbuotojas, jis ar ji veikia pagal vienokį ar kitokį pavedimą (CK 2.132 str. 2 d.), kuris, beje, gali būti numanomas (CK 2.133 str. 2 d.). Jeigu atstovas nėra įmonės darbuotojas, jo įgalinimai buvo jam suteikti tam tikru įgaliojimu (sandoriu).

Tačiau visais atvejais paties atstovo tvirtinimai dėl savo įgalinimų yra bereikšmiai. Akivaizdu, kad kontrahentai netikrina vienas kito įstatų, o ir perskaitę, ten nieko ypatingo nerastų. Visų tokių atstovų įgalinimai, beje, gali būti nutraukiami bet kada. Nėra dėl ko pergyventi, tačiau; veikia teisės taisyklės, kurios atstovavimo klausimą reglamentuoja protingai. Lietuvoje jos labai prastai suprantamos, nors Civiliniame kodekse viskas yra pakankamai aiškiai surašyta.

„Jeigu asmuo savo elgesiu davė rimtą pagrindą tretiesiems asmenims manyti, kad jis paskyrė kitą asmenį savo atstovu, tai tokio asmens atstovaujamojo vardu sudaryti sandoriai yra privalomi atstovaujamajam." (CK 2.133 str. 2 d.)

Tai reiškia, kad, jeigu darbuotojas yra paskirtas į tokias pareigas, kurias einant paprastai sudarinėjami tam tikros rūšies sandoriai, trečioji šalis gali tuo pasikliauti, kadangi sandoriai galios.

Pavyzdys 1: Banke tam tikri darbuotojai pastoviai priiminėja depozitus ar atidarinėja sąskaitas. Praktiškai neįmanoma, kad bankas galėtų ginčyti, kad negalioja atskiras depozitas. (Nebent tariamasis klientas ir banko darbuotojas būtų susimokę banką apgauti ir apgaulės būdu pasisavinti pinigus.)

Pavyzdys 2: Banke tam tikri darbuotojai, kurių darbas yra priimti depozitus ir pan. aptarnauti sąskaitas turinčius asmenis, sudaro banko patalpų perdavimo sutartį. Labai abejotina, kad sutartis privaloma bankui.

Labai svarbu suprasti taip pat dar vieną taisyklę. Net tais atvejais, kai atstovas realiai neturi įgaliojimų ar juos viršija, sutartis bus privaloma atstovaujamajam (įmonei, atstovo darbdaviui, įgaliotojui), jeigu atstovaujamasis sutartį patvirtina. Patvirtinimas, žinoma, gali būti ir rašytinis, formalus, įsipareigojimų prisiėmimas, bet galima patvirtinti sandorį ir bet kuriais kitais veiksmais; preziumuojama, kad sandoris patvirtintas, jeigu jis įvykdytas iš dalies. Šalis, kuri abejoja, ar sutartis privaloma kontrahentui, gali jos atsisakyti, jeigu per tam tikrą terminą kontrahentas jos nepatvirtina.

Toliau: ar iš viso galima įstatuose riboti, sakykime, administracijos vadovo ar kito darbuotojo galias sudaryti sutartis? Taip ir ne. Ne, todėl, kad tokie apribojimai negalios, tai yra, nesuveiks; bendrovei bus privalomi sandoriai, kurie buvo sudaryti viršijant 'kompetenciją' ar prieštaraujant įmonės tikslams. (CK 1.82 str.) Skamba baisiai, ar ne?

Ne. Visais atvejais, kai kontrahentas veikia nesąžiningai, sandorį galima nuginčyti (reiškia, sandoris įmonės nesaisto). (CK 1.82 str.) Kada kontrahentas veikia nesąžiningai? Jeigu žino (yra susipažinęs su) įstatuose ar kitur esančius ribojimus arba jeigu žino, kad sandoris prieštarauja įmonės tikslams.

Kaip reikia elgtis verslininkui? Yra kelios paprastos taisyklės. Pirma, jeigu sandoris yra normalioje kontrahento verslo srityje, dėl atstovų įgaliojimų problemų paprastai nebus. Antra, elgtis sąžiningai. Jeigu žinai ar turėtumei žinoti, kad atstovas nėra įgaliotas, nesudaryk sandorio.

Patarimas: atstovų pareigybes paminėti, tačiau ne sutarties pradžioje, o prie rekvizitų arba šalia jų parašo.

Sutarties dalykas

Dažniausiai toliau seka punktas, vadinamas ,sutarties dalykas'. Sutarties dalykas yra vienas iš trijų sutarties objektų. Visos sutartys turi sutarties dalyką. Tai yra pagrindinė numatoma teisinė operacija: nuoma, pardavimas, paslaugų teikimas. Paprastai tokiame punkte yra rašoma, pavyzdžiui, kad viena šalis įsipareigoja teikti paslaugas, o kita už jas apmokėti.

Ar yra būtina turėti tokį punktą? Nebūtina: sutarties dalykas ir šiaip yra kiekvienoje sutartyje ir nors galima įrašyti tokį punktą, reikia turėti omenyje, kad galutinai tik teismas nustatys, koks iš tikrųjų yra sutarties dalykas. Tai vadinama sutarties kvalifikavimu; sutarties kvalifikavimas yra laikomas ne faktiniu, o teisiniu klausimu (kuris gali būti peržiūrimas kasacinės instancijos).

Kitaip sakant, nėra blogai, kai sutartyje įtraukiamas punktas apie sutarties dalyką, tačiau visais atvejais tik teismas galutinai pasakys, ar tikrai taip ar dar kitaip. Mat, šalys gali laikyti, kad sutartis yra tokia ar anokia, bet jeigu iš tiesų operacija yra kita, teismas taip ir kvalifikuos, nepaisant kaip ją apibūdino šalys sutartyje. Kitaip sakant, teismas žiūri ne į „burnojimą" apie ką sutartis numato, bet į ką sutartis iš tikrųjų numato. Kodėl tai svarbu? Ogi todėl, kad skirtingoms sutartims yra taikomos skirtingos taisyklės; akivaizdu, kad sutarčiai bus taikomos vienokios taisyklės, jeigu ji yra rangos sutartis, visai kitokios, jeigu bus pirkimo-pardavimo sutartis. Tai gali nulemti bylos sprendimą.

Šalių įsipareigojimai

Toliau paprastai seka vienos ar kitos šalies prievolių apibūdinimas. Jeigu sutartis yra dėl paslaugų, tai paslaugų teikėjo prievolės yra sudėtingesnės už kitos šalies, kuri paprastai teturi už paslaugas apmokėti. Todėl paprastai pradedama paslaugų teikėjo prievolėmis. Panašiai ir su pardavėju ar nuomotoju; tas, kuris moka pinigus, paprastai turi mažiau prievolių, nors nuomininkas galėtų jų turėti ir nemažai, bet vis dėlto paprastai pirmiau aprašome teikėjo, pardavėjo, nuomotojo prievoles.

Čia norėčiau stabtelti ir panagrinėti lozungą, kurį išgirdau Lietuvoje prieš kokius dešimt metų: „Sutartis: tai sąlygų sistema." Aš lyg ir kažką žinau apie sutartis, tai kai išgirdau šią frazę, mane kiek šokiravo. Nebuvau nieko panašaus girdėjęs ir nežinojau kaip vertinti.

Esminiai ir kiti įsipareigojimai

Problema yra tai, kad nors tai ir teisybė, ta fraze vis dėlto sugebama klaidinti, kadangi ja nuslepiamas svarbiausias dalykas. Svarbiausia nuo kitų prievolių skirti tas prievoles, kurių nevykdymas iš esmės pažeidžia sutartį, kitaip sakant, kurios gali sąlygoti sutarties nutraukimą. Taigi, nėra taip, kad visos prievolės vienodai sąlygoja viena kitos vykdymą; be to, dar yra ir tam tikra grupė punktų, kurie yra tik faktų tvirtinimai (kaip antai, rekvizitai) ir kurie iš viso nėra prievolės ir todėl praktiškai nieko nesąlygoja.

Esminės prievolės

Tam tikra prasme arba atitinkamame lygmenyje minėta frazė yra teisinga. Šalių pagrindinės prievolės sąlygoja viena kitos vykdymą. Paimkime labai paprastą paslaugų sutartį, kurioje yra tik susitarimas iš vienos pusės teikti tam tikras paslaugas, o iš kitos pusės už tai apmokėti tam tikrą sumą. Nors sutartyje nėra nieko daugiau, teisės taisyklės, operuojančios fone, atsako į visus kitus klausimus; tos taisyklės taikytinos, nebent šalys susitaria kitaip.

Šitoje stadijoje, galima sakyti, kad šalių prievolės sąlygoja viena kitą. Sudarius sutartį, praėjus savaitei ar mėnesiui ir paslaugų teikėjui nesuteikus paslaugų, ar galima teigti, kad jis yra pažeidęs sutartį? Ne. (Nebent paslaugos tokios, kurios savo esme reikalavo, kad jos būtų suteiktos iki tam tikros datos; niekam nereikia Kalėdinių atvirukų vasara.) Ar paslaugų gavėjas (klientas-pirkėjas) yra pažeidęs sutartį, todėl, kad jis nėra už paslaugas sumokėjęs? Taip pat ne. Jo prievolė sąlygojama kitos šalies prievole; tam tikra prasme, net nėra prievolių, jeigu ji sąlygojama: tai yra sąlygos reikšmė. Žinoma, sąlyga gali būti ir įrašyta į sutartį.

Nors šiame straipsnyje nėra siekiama to nagrinėti, paaiškinsiu, kaip tokioje situacijoje šalis gali padaryti, kad kitos šalies prievolė taptų kaip ir besąlyginė. Paslaugų gavėjas turi teisę reikalauti, kad prievolių teikėjas atliktų savo prievolę. Tokiu atveju, nebent prievolės esmė diktuotų kitaip, paslaugų teikėjas privalėtų atlikti savo prievolę per septynias dienas. Panašiai, kai abi prievolės yra viena kitos sąlygojamos, ir paslaugų teikėjas gali protingu laiku įvykdyti savo prievolę. Jeigu ji nepriimama, jau paslaugų gavėjas yra pažeidęs savo prievolę, kuri minėtu siūlymu tapo nesąlyginė.

Panašiai yra komplikuotesnėje sutartyje, kai visuomet bus prievolė ar prievolės, kurios yra esminės. Jeigu kita šalis jas privalo įvykdyti ir tinkamai neįvykdo, nukentėjusioji šalis įgauna teisę ir galią nutraukti sutartį. Šioje stadijoje, dėl to, kad kita šalis neįvykdė esminės prievolės, nukentėjusioji šalis taip pat turi fakultatyvinę galią pasirinkti ar sulaikyti savo prievolių vykdymą. Taigi, esminės prievolės nevykdymas sąlygoja kitos šalies prievolių vykdymą iš esmės. Anglų kalba tokia prievolė yra vadinama sąlygine (angl., *condition*).

Taigi, yra tam tikros tiesos minėtoje frazėje „sutartis yra sąlygų sistema.“

Kitos prievolės

Yra ir kitos prievolės; tokios, kurios nėra esminės. Į šią kategoriją įeina ir atvejai, kai esminė prievolė yra įvykdyta, tačiau su trūkumais. Tokiais atvejais nukentėjusioji šalis turi teisę į nuostolius (žinoma, turi teisę reikalauti trūkumų ištaisymą), bet neturi nei teisės, nei galimybės vienašališkai nutraukti sutartį, kadangi sutartis nėra pažeista iš esmės. Kai kuriose šalyse ne esminis sutarties pažeidimas taip pat nesuteikia šaliai teisės sustabdyti savo prievolių vykdymą. Anglų kalboje šalutinės, ne esminės prievolės vadinamos *warranty*, o kitų esminių prievolių dalinis (t.y., nepilnas, netobulas) įvykdymas vadinamas *immaterial breach* (neesminis pažeidimas).

Tūlas verslininkas galėtų klausti, „O kodėl jie taip sukomplikavo reikalą? Juk aš noriu, kad viskas, kas priklauso, būtų atlikta iki galo." Šalis turi teisę į tinkamą prievolių įvykdymą. Tačiau, jeigu iš esmės šalis gauna tai, kas jai priklauso, negali būti, kad dėl mažmožio būtų galima nutraukti sutartį. Dėl esminio nevykdymo nutraukta sutartis reiškia, kad pažeidusi šalis nustoja teisių pagal sutartį; mažų mažiausiai ji nebegaus jokio pelno. Tai nebūtų teisinga, jeigu, tarkime, būtų sutarta pristatyti tūkstantį tonų medžiagos ir pasirodo trūko kelių kilogramų, arba jeigu buvo susitarta išdažyti didelį kompleksą ir t.p. išplauti vieno nedidelio kambario grindis: jeigu grindys nebuvo išplautos, vargu ar galima sakyti, kad nebuvo iš esmės gauta to, kas sulygta. Žinoma, dėl neišplautų grindų galima gauti nuostolius (tačiau dėl to sutarties nutraukti negalima).

Kitos sąlygos

Kartais šalys aiškiai sutarties tekste nurodo, kad tam tikra prievolė yra sąlygota tam tikrų faktinių aplinkybių atsiradimo. Tai reiškia, kad šalis neprivalo įvardintos prievolės vykdyti iki tol, kol nėra atsiradusi sąlyga. Sąlyga gali būti, kaip jau minėta, faktinė aplinkybė, o faktinė aplinkybė gali būti ir tam tikros prievolės įvykdymas. Pavyzdžiai:

- jeigu šiandien lis, pirksiu 100 lietsargių;
- jeigu gausiu darbą Paryžiuje, parduosiu butą;
- jeigu užbaigsi vykdyti prievoles iki trečiadienio, sumokėsiu premiją.

Visais trimis atvejais prievolė yra sąlyginė. Pirmuoju atveju, aplinkybė yra išorinė, nepriklausanti nuo šalių valios ar veiksmų. Antruoju atveju, aplinkybė iš esmės yra fakultatyvinė (priklauso nuo pirmos šalies valios). Trečioji sąlyga priklauso nuo kitos šalies valios ar veiksmų. Visi trys atvejai yra galimi. Problemos kyla, kai neaišku, ar, kaip antrajame pavyzdyje, yra įsipareigota įvykdyti sąlygą (gauti darbą Paryžiuje). (Pavyzdyje nėra įsipareigota įsidarbinti.)

Prievolių intensyvumas

Visa tai pasakius, galima sugrįžti prie šalių prievolių apibūdinimo. Nesvarbu kokia sutartis, yra akivaizdu, kad šalis neatsako už viską. Jos atsakomybė yra apibrėžiama tam tikrais teisiniais apribojimais, kuriuos tam tikra dalimi šalys gali susitarti pakeisti. Jau apie šimtą metų prievolės yra skirstomos į tris rūšis. Pirma yra garantas; jeigu šalis garantuoja, tai ji atsako visais atvejais, net nenugalimos jėgos atveju, tai yra, kai dėl nenugalimos jėgos ji negalėjo atlikti savo prievolės. Toks įsipareigojimas yra retas versle dėl suprantamų priežasčių.

Antroji rūšis yra prievolė pasiekti rezultatą. Pagal Civilinį kodeksą paprastai verslininkas turi rezultato prievolę. Jeigu rezultatas nepasiekiamas, šalis atsako, nebent įrodo, kad rezultatas nepasiektas dėl nenugalimos, išorinės jėgos.

Trečioji rūšis yra prievolė dėti protingas pastangas, kitaip sakant, stropumo prievolė. Paslaugų teikėjų prievolė yra būtent ši. Medikas paprastai negali garantuoti gydymo rezultatą; jis neįvykdo prievolės tiktai tokiu atveju, jeigu veikia aplaidžiai (ne stropiai, neprotingai). Kaip nebūtų keista, iš tikrųjų, tokiems prievolininkams niekad nereikia įrodyti nenugalimosios jėgos, kadangi užtenka jiems įrodyti, kad dėjo protingas pastangas. Jeigu tai įrodo, yra laikoma, kad prievolė atlikta.

Labai komplikuota apibrėžti tinkamą prievolės įvykdymą sukurti kompiuterinę programą ar tam tikrą technologiją. Pagal savo esmę, tai yra paslaugos teikimas. Savaime suprantama, kad ir gerai sukurta kompiuterinė programa užstrigs; tai praktiškai garantuota. Sakoma, kad tokiu atveju programoje yra „klaida". Taigi negali būti, kad prievolė yra sukurti tobulą programą.

Vietoje to, įmonė, įsipareigojusi sukurti programą, turi dėti protingas pastangas sukurti tą programą, atsižvelgiant į bendrą tokių paslaugų lygmenį; tai teisinė taisyklė, kuri operuoja viso to fone. Taigi, jau dabar matome, kad, nors tobulos programos negalima reikalauti, geros ir normalios galima. Toliau: akivaizdu, kad „klaidos" apibūdinimas yra svarbus ir jos traktavimas yra dar svarbesnis. Todėl paprastai kompiuterinės įrangos sutartyse nurodoma, kad gavėjas turi tam tikrą laiką programą tikrinti, kad tikrinimo laikotarpyje teikėjas klaidas taiso nemokamai ir net per tam tikrą laikotarpį po to, kai programa priimta.

Iš kitos pusės, negalima perlenkti lazdos, ir todėl patartina tokiose sutartyse rašyti, kad defektas nelaikomas klaida, jeigu tai nesudaro esminio skirtumo programos funkcionavime. Žinoma, paprastai sutariama, kad programa turi būti sukurta pagal tam tikrą specifikaciją; tai yra, ji privalomai turi pasiekti tam tikrus rezultatus.

Taigi, kartais šalies prievolę sudaro iš dalies stropumas ir iš dalies rezultatas. Galima lengvai matyti, kodėl šios kategorijos yra kritikuotinos teisinėje literatūroje, kadangi jos, galbūt, mažiau naudingos, negu iš pirmo žvilgsnio galėtų atrodyti. Vis dėlto, bendra nuomonė yra ta, kad jos yra naudingos, bent jau iki tam tikro laipsnio.

Kokia prievolės rūšis yra taikoma prievolei apmokėti? Rezultato ... vien tik sakyti, na, aš dėjau protingas pastangas jums apmokėti kažkaip neišeina, jeigu aš skolingas. O tai, kad netekai pinigų ir esi visiškai negalintis apmokėti, yra kvalifikuojamas kaip ne nenugalimos jėgos reiškinys ir todėl praktiškai vienintelė išeitis šaliai – bankrotas.

Patarimas: verslininkas turėtų žinoti, kad sutartyje yra tvirtinimai (kaip antai rekvizitai arba kiti faktų pakartojimai-konstatavimai), prievolės ir sąlygos, o prievolės gali būti skirtingo intensyvumo. Šie dalykai yra itin sudėtingi ir juos sutartyje teisingai sudėlioti yra advokato reikalas.

Apmokėjimai

Dažnai šalys sutartyje nurodo, kur apmokanti šalis turėtų pervesti pinigus: tai yra, pateikia banko sąskaitos duomenis. Nors to daryti nebūtina, tai nėra blogai ir yra ganėtinai patogu, nes vis vien reikės pateikti tą informaciją. Visai nebūtina pateikti mokančios šalies banko sąskaitos rekvizitų; reikia turėti omenyje, kad šiais laikais, šalys paprastai turi kelias sąskaitas, todėl iš viso nepatartina tą informaciją įtraukti į sutartį. Naudinga įrašyti, kad mokėjimas vyks bankiniu pavedimu į nurodomą sutartyje sąskaitą arba į kitą, ateityje šalies nurodomą, banko sąskaitą, nes kartais tenka keisti bankus, uždaryti sąskaitą.

Visai neseniai būdavo tos visiškai kvailos numeruotos sąskaitos faktūros, kurias reikėdavo pirkti iš vieno (!) gamintojo ir su kuriomis reikėdavo labai atsargiai elgtis. Tais laikais būdavo visokių variantų: kartais sutartyje nurodydavo, kad pirma pinigai pervedami, tada perduodama sąskaita, o kartais atvirkščiai. Buvo verta į Europos Sąjungą įstoti vien tam, kad būtų atsikratyta tokios nesąmonės.

Dabar dalykai jau ganėtinai susinormalizavo. Mat, jeigu sutartyje nurodyta, kad iki tam tikros datos reikia pinigus sumokėti, na, ir viskas. Praėjus tai dienai, esi skolingas ir viskas. Abejotina, ar dabar būtų normalu sąlygoti prievolę mokėti sąskaitos gavimu, o ne data (žinoma, yra sutartys, kurios yra trumpalaikės ir tai kitas klausimas; čia suponuojama, kad sutartis yra sudaryta ilgesniam terminui). Nustatyta mokėjimo diena ateis ir praeis ir yra neginčijama, o sąskaitos gavimas yra. Norite būti tokioje padėtyje, kai reikia įrodinėti, kad kažkokio darbuotojo, jau mirusio ar išemigravusio, hieroglifas reiškia, kad jo darbdavys gavo sąskaitą? Prireiks, jeigu prievolė mokėti yra sąlygojama sąskaitos gavimu.

Esu taip pat susidūręs su keliais atvejais, kai sutartis tariamai sąlygoja teisę pateikti sąskaitą kitos šalies išankstiniu sutikimu. Toks punktas yra visiškas idiotizmas; Prancūzijoje būtų laikoma, kad tokiu atveju iš viso sutartis nesudaryta. Jeigu šalis prievolę įvykdė, jai priklauso užmokestis, sutinka su tuo kita šalis, ar ne.

Patarimas: Nepersigudrauti dėl sąskaitų faktūrų. Nesąlygoti jų išrašymą kitos šalies sutikimu.

Dalinis apmokėjimas

Kartais prievolė natūraliai vykdoma etapais, pavyzdžiui, mokslinių tyrimų ar konstravimo sutartyse. Akivaizdu, kad tokiais atvejais gan natūralu paskirstyti apmokėjimą etapais. Įsidėmėtina, kad kitais atvejais teisės taisyklė būtų tokia: šalis neturi teisės į dalinį apmokėjimą, vien dėl to, kad ji to nori, dėl to reikia iš anksto susitarti.

Taip pat, jeigu sutartis yra ganėtinai ilgalaikė, gali būti, kad protinga paskirstyti apmokėjimą į dalis. Nuomos sutartys paprastai numato mėnesinį apmokėjimą. Tokiu atveju, reikia turėti omenyje, kad sąvokos „mėnuo" ir „kalendorinis" mėnuo nėra tapatūs.

Gan dažnai galima aptikti ir sutarties punktą, nustatantį, kad bus mokamas avansas. Daugiau apie tai rašysime, kai gvildensime prievolių vykdymo užtikrinimo priemones.

Patarimas: todėl, kad lengviau prisiminti, kad reikia kažką apmokėti kiekvieno mėnesio pradžioje, patartina nustatyti sutartyje, kad mokėjimai vyksta kas kalendorinį mėnesį arba kiekvieno kalendorinio mėnesio pirmą dieną.

Darbo dienos

Teisės taisyklės numato, kas atsitinka, jeigu ta diena išpuola, sakykime, sekmadienį ar švenčių metu, todėl dėl to nereikia rūpintis, nors kartais verslininkams suprantamiau yra įrašyti, „kiekvieno mėnesio pirmą darbo dieną." Tačiau dėl to reikia būti atsargiems; viskas priklauso nuo sutarties rūšies, todėl patartina reikalo nekomplikuoti. (Ar darbo diena yra šeštadienis? Gali taip būti kai kuriose įmonėse; o t.p. visai neseniai Vyriausybė perkeldindavo darbo dienas į šeštadienius – tačiau ... tai buvo privaloma tik tarnautojams ... nors praktiškai visą Lietuvą šokdavo pagal šią dūdą.)

Patarimas: naudoti tik tokius terminus: dienos, savaitės, mėnesiai, o ne „darbo dienos" ir pan.

Sutarties anatomija 2 dalis

Apskaitos, audito ir mokesčių aktualijos
2010 m. gegužės 3 d., pirmadienis, Nr. 17 (593)

KIEKVIENA SUTARTIS yra sudaryta iš įvairių elementų ar dalių. Kai kurie elementai praktiškai egzistuoja kiekvienoje verslo sutartyje visame pasaulyje. Kitos pastraipos ir punktai atsiranda sutartyse dėl vietinės praktikos. Šiame straipsnyje tęsiu rašytinių sutarčių anatomijos analizę, kreipdamas ypatingą dėmesį į tokias sutartis ir jų atskirus punktus, su kuriomis dažnai susiduria Lietuvos verslininkas.

Force majeure

Senais gerais Sovietiniais laikais okupuotos Lietuvos vidaus reikalų ministras jausdavo būtinybę savo įsakymu patvirtinti Aukščiausios tarybos, tai yra, šalies tariamo parlamento, priimtus įstatymus. Matyt kitaip jie nebūtų galioję, arba bent jau taip buvo manoma.

Panašiai yra šiais laikais sutartyse. Kažkodėl manoma, kad nebent sutartyje yra pakartota tai, kas jau yra įstatyme (Civiliniame kodekse), visa kita negalios. Na, galbūt tai šokiruoja, bet ... įstatymo, įskaitant kodekso, nuostatos galioja nebent šalys jas keičia. Tad visai nebūtina įrašyti į eilinę sutartį punktą ar pastraipą dėl *force majeure* (nenugalimosios jėgos): CK nuostatos dėl nenugalimos jėgos veiks tos sutarties kontekste, net jeigu nebus toje sutartyje minimos.

Iš tiesų, kodeksas visai gerai reglamentuoja vad. *force majeure* (tai ta pati nenugalimoji jėga prancūzų kalboje; *force majeure* terminas vartojamas ir lietuviškame kodekse ...).

Kas yra ta *force majeure* kaip teisinė idėja? Visuomenė neturėtų versti šalį mokėti kitai šaliai *nuostolius* už tai, kad pastaroji neįvykdė savo prievolės, kai tam tikra išorinė, neprognozuota ir nenugalima jėga jai neleido tos prievolės įvykdyti. Skamba taip paprastai ... tačiau visų pirma reikia įsidėmėti, kad čia kalbama apie *nuostolius*. Nukentėjusioji (negavusi to, kas žadėta) šalis vienok turi teisę nutraukti sutartį ir ... vienok turi teisę į restituciją, jeigu kas buvo perduota.

Palyginimui, pradėkime su Anglija ir JAV. Anglijos ir JAV teisėje nėra *force majeure*, tačiau šių šalių sutartyse *force majeure* institutas (taip teisininkai vadina teisinius idėjinius kompleksus ...) dažnai šalių susitarimu yra importuojamas.[1] Jeigu Lietuvos įmonės sutartis dėl prekių pirkimo pardavimo sudaroma su JAV, šioje sutartyje jau nereikia atskirai susitarti dėl *force majeure*, kadangi tokioms sutartims galioja Tarptautinių prekių konvencija. Tačiau Anglija tos konvencijos nėra pasirašiusi.

Nenugalimoji jėga yra itin įdomus ir gan komplikuotas teisinis institutas. Nors šito kodekse nerašoma, *de facto* šis institutas netaikomas paslaugos sutartims ... kadangi paslaugų teikėjas turi tik stropumo prievolę: jam reikia įrodyti, kad protingumo ribose stengėsi įvykdyti savo prievolę. Jeigu jis tai įrodo, viskas – jis yra savo prievolę įvykdęs. Pavyzdžiui,

---

[1] „Institutas: *teis.* bet kurios srities teisinių normų visuma: Diktatūros uždavinys išnaikinti senųjų institutų liekanas." *Lietuvių kalbos žodynas* (Gertrūda Naktinienė, et al., red., el. vers., Lietuvių kalbos inst., 2008), http://www.lkz.lt/startas.htm (*įvesti* norimą žodį).

medikas gali tiktai stropiai (neaplaidžiai) vykdyti prievolę; jis negali, iš esmės, įsipareigoti dėl rezultato.

Tad reikia suprasti, kad nėra ir negali būti sąrašo tų dalykų, kurie sudaro *force majeure*. Iš viso, norint suprasti, kaip veikia šis institutas, suprasti, ar bus ar nebus prievolininkas atsakingas už nuostolius, visų pirma reikia žiūrėti į *prievolę*, o ne į kažkokį įvykį. Antra, tas „nenugalimas" įvykis turi būti iš anksto neprognozuojamas, nenumatomas. Kodėl? Kadangi, jeigu aš *žinau*, kad žaibas trenks, aš galiu pasitraukti. Ta jėga, žaibas, man nėra nenugalimas, kadangi yra numatomas. Galbūt dar komplikuotesnis, nors ir susijęs, yra reikalavimas, kad ta nenugalima jėga būtų *išorinė*.

Ar galima protingai pakeisti CK nenugalimos jėgos nuostatas šalių susitarimu? Taip. Tai dėl visų jau minėtų ir dar kitų neminėtųjų priežasčių toks pakeitimas jau yra aukštoji matematika. Reikia profesionalios pagalbos. Tačiau galima, tarkime, nustatyti, kad tam tikri dalykai ar atvejai yra laikomi nenugalimi. Dažniausiai, tai yra šie:

tam tikros medžiagos (pavyzdžiui, tam tikro atspalvio gėlės) arba tam tikros detalės nebuvimas rinkoje;

vadovaujančio personalo sveikatos sutrikimai ar mirtis.

Pavojus

Kaip jau minėjau, nėra reikalo kopijuoti CK nuostatas, kadangi dar imsite ir kažką praleisite. Jos ir šiaip veikia atitinkamos sutarties kontekste. Galima jas keisti – tačiau tam reikia profesionalo; tokia operacija yra už verslininko/vadovo kompetencijos ribų. Be to, yra dar vienas pavojus: tai 1999 m. Vyriausybės nutarimas dėl nenugalimos jėgos.

Visų pirma, reikia atkreipti dėmesį į tai, kad Civilinis kodeksas priimtas 2001 m., o minėtas nutarimas 1999 m. Jau ir tai turėtų parodyti, kad nutarimas nesuderinamas su kodeksu. (Verta įsidėmėti, kad teisės aktas gali netekti galios ir nesant atskiro kito teisės akto, kuris jį pripažintų negaliojančiu.)

Tačiau problema nėra tai, kad galbūt truputį nesuderina: problema yra ta, kad minėtas nutarimas yra visiškas, absoliutus nonsensas. Jo autoriai parodė, kad jie visiškai nieko nenutuokia apie sutarčių teisę. Įsivaizduokite: sugalvojo, kad šalis nueis į pramonės rūmus ir išsiims sertifikatą dėl aptiktos ir nenugalėtos jėgos! O vėliau su tuo rašteliu pirmyn! Na jau, klasika, pasaulinio masto teisinis šedevras. Iš tikrųjų, kaip jau matėme, reikia žiūrėti ne į įvykį, o į prievolę, ir dar nustatyti numatomumą, išoriškumą. Tie klausimai yra sudėtingi teisiniai klausimai, o beje, Lietuvoje, esą, tik teismai vykdo teisingumą ...

Patarimai

Neminėti nieko dėl nenugalimos jėgos. Jeigu kontrahentas (kita šalis) kažką įrašo, arba jeigu siūlytame tekste yra minimas tas 1999 m. Vyriausybės nutarimas, pakeiskite šia formuluote: *Šalis atleidžiama nuo atsakomybės už sutarties neįvykdymą dėl nenugalimos jėgos Civilinio kodekso nustatyta tvarka.* Geriau per daug kitai šaliai neaiškinti; jeigu ji siūlo minėtą Vyriausybės nutarimą, tiesiog pakomentuokite, kad, na, nesiderina datos ... O jeigu siūloma keisti CK nustatytą tvarką – kvieskitės advokatą, nes čia labai lengva visiškai viską „sumakaluoti".

Pasikeitusios aplinkybės

Angliškai pasikeitusių aplinkybių institutas vadinamas *hardship clause*, o prancūziškai — *imprévision*. Lietuvoje, šis institutas galioja, net jeigu jis neminimas sutartyje, o Anglijoje, Prancūzijoje ir JAV yra atvirkščiai: nebent šalys susitaria dėl *imprévision* sutartyje, jo ir nebus. Todėl minėtuose kraštuose dažnai aptiksi komercinėse sutartyse pasikeitusių aplinkybių institutą aptariančias pastraipas; aprobuota šio instituto pastraipa yra net parduodama didžiulės tarptautinės prekybos organizacijos ...

Iš sutarčių teisės institutų, šis yra bene keisčiausias. Turiu sutikti su JAV ir Prancūzijos požiūriu: jis neturėtų būti šalies teisės sudedamoji dalis. Tai yra todėl, kad pasikeitusių aplinkybių institutas suponuoja labai jau keistą dalyką.

Bet kas tai yra? Šio instituto esmę nusako jo pavadinimas. Kai aplinkybės ypatingai žiauriai pasikeičia, šio instituto dėka teismas turi galią pakeisti sutarties sąlygas (praktiškai kalbama apie kainos pakeitimą). Šio instituto pavadinimas prancūzų kalba išreiškia idėją, kad šalys, sudarydamos sutartį, ypatingai prastai numatė ateities pokyčius. Akivaizdu, kad beveik be išimties kalbama apie ilgalaikes tiekimo sutartis.

Instituto keistumą sąlygoja tai, kad yra galvojama, jog teismas kažkaip geriau nustatys tas sąlygas, negu tai galėjo padaryti pačios šalys. Iš tikrųjų, tai yra nonsensas ir pavojinga, bet kai kam tai patinka. Yra patogu turėti mamytę.

Reikia stabtelėti ir palyginti šį institutą su *force majeure. Force majeure* institute šalis yra *atleidžiama* nuo atsakomybės dėl savo prievolės neįvykdymo. Tokiu atveju šaliai netektų mokėti nuostolių, nesvarbu kiek kita šalis jų patirtų.

Pasikeitusiųjų aplinkybių institutas visai kitoks. Visų pirma, šalis privalo toliau vykdyti savo prievolę, net esant pasikeitusioms aplinkybėms, iki kol kita šalis sutinka pakeisti sąlygas ar teismas jas pakeičia. Antra, žiūrima į aplinkybes – ar jos ypatingai (tiesiog žiauriai) pasikeitusios? Tai, kad sutartis yra tapusi nuostolinga nieko nereiškia. Ji turi būti tapusi labai ypatingai nuostolinga dėl pasikeitusios aplinkybės.

Pavojus. Pavojus yra tai, kad teismas iš tikrųjų negali nustatyti kainos geriau, nei tai gali padaryti pačios šalys. Tai yra esminė šio instituto problematika ir todėl jis neegzistuoja pačių pažangiausių šalių teisėje (nebent šalys dėl jo susitaria). Kitas pavojus slypi visuose ilgalaikėse tiekimo sutartyse: kaip šiandien nustatyti kainą, kuri būtų tinkama rytoj (po penkmečio).

Patarimas.

LR Civilinio kodekso nuostatos, susijusios su sutartimi, yra daug kur nukopijuotos nuo tarptautinių sutarčių taisyklių. Tai yra atsitikę, galbūt net atsitiktinai, su pasikeitusių aplinkybių institutu. Todėl nebūtina jo minėti sutartyje, kuriai taikoma Lietuvos teisė. Taip pat nereikia dėl pasikeitusių aplinkybių instituto sukti galvos, jeigu sutartis yra kitokia, nei ilgalaikė. Taigi, „eilinėje" sutartyje nebandykite šio dalyko pergudrauti ir palikite jį ramybėje.

Tarptautinėse ir ypatingai ilgalaikėse tiekimo sutartyse, yra protinga kuo geriau aptarti kainos nustatymo mechanizmą. Kartu galima ir numatyti galimybę *nutraukti sutartį*, jeigu tam tikros aplinkybės pasikeičia tam tikru nustatytu sutartyje laipsniu ar koeficientu. Kitaip, žinokite, rezultatai yra visiškai neprognozuojami. Beje, jeigu nėra įrašyta dėl galimybės sutartį nutraukti, dėl pasikeitusių aplinkybių tokio sutarties nebus galima nutraukti.

Kai kuriose šalyse veikia arbitražo rūmai, kurie teikia įdomią *ekspertizės* paslaugą. Galima numatyti, kad pasikeitusių aplinkybių atveju klausimą spręstų arbitražo rūmų skirtas ekspertas. Tačiau, deja, vis vien tai neišsprendžia pagrindinės problemos: ar tikrai ekspertas geriau nuspręs nei šalys? Todėl ko gero geriau yra sukurti išėjimo iš sutarties galimybę.

Avansas

Prisiskaitę iš sovietinių vadovėlių nesąmonių tikina, kad avansas – ne prievolės užtikrinimo prievolė. Deja, avansas gali būti prievolės užtikrinimo prievolė. Šalys sudaro sutartį ir sulygsta, kad pirkėjas apmoka už paslaugas ar prekes per tam tikrą laiką, dar jas negavus iš pardavėjo. Iš esmės nesvarbu, ar apmokėjimas yra visiškas, ar tik tam tikra kainos dalis. Sunku paneigti, kad toks punktas neužtikrina prievolės vykdymo. Taigi, avansas *de facto* gali būti prievolės užtikrinimo priemonė.

Kitos rūšies avansas yra šis: įmonė turi 60 dienų atlikti tam tikrą apmokėjimą, tačiau ji atlieka tą apmokėjimą po dviejų dienų. Įmonė yra padariusi *avansą*. Ar ji turi teisę išreikalauti šiuos pinigus iš gavėjo? Juk ji šiandien neskolinga, tik ateityje. Atsakymas: ne. (Trumpas paaiškinimas: tai yra todėl, kad prievolė egzistuoja šiandien, tik jos vykdymas atidėtas; laikas eina nesustabdomai, ir kažkada terminas sueis: tai tik laiko klausimas).

Avansas gali būti naudojamas ir su kitais institutais, pavyzdžiui, su iš anksto nustatyto nuostolio institutu arba su (fakultatyvine galia) pasitraukti iš sutarties institutų. Tokios kombinacijos vadinamos *depozitais*.

Pavojus. Verslininkui gresia pavojus, jeigu jis nesupranta, kad „plikas" avansas yra tik avansas, ne depozitas ar pan.

Pavyzdys 1. Sakykime, kad sutartis nustato, kad pirkėjas sumokėtų 20% kainos per 10 dienų po sutarties sudarymo. Pirkėjas taip padaro. Vėliau Pirkėjas pareiškia, kad sutarties nebevykdys. Ar pardavėjas turi teisę pasilaikyti avansą? Ne pagal šiuos faktus, nebent iš tikrųjų jo nuostoliai būtų tolygūs ar didesni nei sumokėtas avansas.

Pavyzdys 2. Tie patys faktai. Ar pirkėjas turi teisę ir galią pasitraukti iš sutarties, todėl, kad yra padaręs avansą? Ne. Galima sutartyje numatyti tokius dalykus, bet avanso institutas fakultatyvinės galios pasitraukti iš sutarties (paliekant ar nepaliekant pardavėjui avansu sumokėtą sumą) nesuteikia.

Patarimas. Sutartyje numatytas avansas gali būti visiškai protingas sprendimas. Akivaizdu, kad kartais yra numatomi arba tiesiog dideli darbai arba būtinumas patirti išlaidas dėl materialinių resursų panaudojimo ir tokiais atvejais avansas gali abiems šalims būti visiškai suprantamas reikalavimas. Tačiau avansas yra tik avansas ir nesuteikia kitų ypatingų teisių ar fakultatyvinių galių nei vienai, nei kitai šaliai. Kita vertus, yra normalu naudoti šį institutą kartu su kitais ir labai gali būti, kad siūlomos sutarties sąlygose yra depozitas ar pan. Verslininkas turėtų gebėti atpažinti, kada tai yra daroma kontrahento siūlomoje sutartyje, ir suprasti, kas yra daroma, jeigu jo advokatas jam siūlo padaryti tokią kombinaciją.

Baudos ir nuostolių ribojimas

Vienu metu buvo sakoma, kad po 2001 m. CK įvedimo Lietuvoje nebebuvo „baudinės" tvarkos. Na, jos formaliai negalėjo būti ir pagal senąjį kodeksą, bet tiek to. Vienok, kaip tai suprasti – juk tebegalima sutartyje sulygti dėl baudų.

Čia CK autoriai praleido puikią galimybę. Mat, jie turėjo galvoje teisingą idėją, kad civiliniuose santykiuose nėra tokios sąvokos kaip *bausti*. Kitaip sakant, kad galima iš anksto numatyti nuostolius, tačiau *bausti* už tai, kad prievolė neįvykdyta yra neįmanoma; tokio dalyko iš viso tiesiog nėra, kadangi nukentėjusioji sutarties šalis turi teisę (tik) į visišką nuostolių kompensavimą, o civiliniai santykiai pagal savo prigimtį negali kažką daugiau padaryti.

Dar paprasčiau tariant: pasak komisijos, kuri paruošė Kvebeko civilinį kodeksą, vadinamoji baudos „pagrindinė funkcija yra išvengti galimą ginčą dėl tikrai įvykusių nuostolių [dydžio]." [2] Reiškia, turi būti manoma, kad tikrai bus nuostolių, ir bauda tėra tų nuostolių išankstinis įvertinimas (tam, kad paskiau nereikėtų įrodinėti). Toliau: įrašyti baudą, tam, kad kita šalis būtų išgasdinta (vad. išlyga *in teroram*), negalima (tiksliai tariant, tokia bauda turėtų būti panaikinama); bauda negali būti tokia, kuri drausmintų kitą šalį. Todėl Kvebeko dabartiniame kodekse yra ši nuostata:

§ 1622. Baudinė išlyga yra ta, kurioje šalys įvertina laukiamus nuostolius padarydami išlygą, kad prievolininkui teks sumokėti baudą jeigu jis neįvykdo savo prisiimto įsipareigojimo.[3]

Europos sutarčių teisės principuose (PECL) iš viso nevartojamas žodis „bauda" ar jo ekvivalentas. Šie principai,

---

[2] 1 REPORT ON THE QUÉBEC CIVIL CODE 677 (Civil Code Revision Office, Service des publications officielles 1977) (aut. vert.).

[3] Civil Code of Québec (S.Q., 1991, C. 64.) § 1622 (1991).

kurių parengimas yra milžiniškas darbas, nustatė fundamentalius visų Europos šalių principus. Jie pateikti formoje, pasiskolintoje iš JAV, taip vadinamoje „Persakymu" (angl. *Restatement*). Reikia pažymėti, kad šiuos principuose vietoje žodžio „bauda" vartojamas terminas „iš anksto nustatyti nuostoliai."

Žinoma, jeigu iš anksto nustatyti nuostoliai yra per dideli, teismas gali juos sumažinti. Kriterijus iš esmės yra toks: ar šie iš anksto nustatyti nuostoliai yra tokie jau dideli, kad negali būti iš tiesų nuostoliai, o jau yra bauda? Jeigu taip, teismas juos turėtų sumažinti.

Labai dažnai baudos institutas yra aptinkamas konfidencialumo sutartyse. Tai nėra atsitiktinis atvejis, todėl, kad laikoma, kad yra labai sunku įrodyti nuostolius, jeigu yra atskleidžiama tam tikra konfidenciali informacija.

Tačiau siekis „reikalą ištaisyti" panaudojant baudas bus nesėkmingas. Vis dėlto kontinentinėje teisėje iš esmės bauda yra iš anksto nustatyti nuostoliai. O jeigu nuostolių iš tiesų nėra? Ir lietuviškose konfidencialumo sutartyse jų retai bus, kadangi siekiama viską padaryti konfidencialia informacija. Ar tikrai fakto atskleidimas, kad sudaryta tarp dviejų įmonių konfidencialumo sutartis, bus joms nuostolingas?

Toks atvejis, pripažinkite, yra galimas, bet itin retas. Todėl reikėtų naudoti konfidencialumo sutartis pagal jų paskirtį: apsaugoti *know-how* ir pramonines paslaptis (angl. *trade secrets*), kaip antai gaivaus gėrimo sudėties receptą. Ir kadangi, net ir tokiais atvejais sunku įrodyti nuostolius, norėdami apsisaugoti – neatskleiskite paslapčių!

Pavojus. Žmogus yra taip sukurtas, kad jis paprastai žiūri pozityviai. Sutarties šalis sudarydama sutartį žada ją, tai yra savo prievoles, įvykdyti. Todėl labai lengvai galima nepakankamai dėmesio skirti neįvykdymo galimybės vertinimui. Deja, tai natūralu. Todėl labai gali būti, kad pasitaikys pareiga, dėl verslininko neatidumo, sumokėti nesąmoningo dydžio baudą, arba kitaip sakant, sumokėti nuostolius ir dar daug daugiau.

Antras pavojus slypi tame, kad nors galima iš esmės kreiptis į teismą, kad būtų sumažinta nesąmoninga bauda, geriau nesuteikti kitaip pusei tokio privalumo. Tai ne tik kainuos, bet yra įmanoma, kad pinigai bus išreikalauti ir tada kova vyks juos susigrąžinti ...

Patarimas

Jeigu kita šalis siūlo sutartį, kurioje nurodytos baudos, visų pirma siūlykite formuluotę „iš anksto nustatyti nuostoliai." Galima kartu paaiškinti, kad jūsų įmonė *„tikrai, kažkokiai nelaimei įvykus, pasiryžusi visiškai atlyginti visus nuostolius ir dėl to nori įsipareigoti. Tačiau taip ir darykime; mes vis dėlto nelabai suprantame, kodėl turėtumėme kompensuoti visiškai visus nuostolius ir dar daug daugiau ... sunku būtų tai paaiškinti akcininkams. "*

Toliau: jeigu labai reikia, kitai sutarties šaliai tos baudos, tai būkite atsargūs dėl jos dydžio. Yra žmogiška tam skirti nepakankamai dėmesio. Mačiau sutartis, ir visai neseniai, kurios iš viso buvo vertos 50 000 eurų, o kita šalis norėjo įrašyti pusės milijono eurų baudą.

Galima taipogi nustatyti, kad, esant prievolės pažeidimui, pažeidusi prievolę šalis moka *baudą*, kuri būtų ganėtinai maža arba visiškai atlygina nuostolius. Esant tokiai formuluotei, nukentėjusioji šalis turi pasirinkimą: arba lengvai, neįrodinėjant nuostolius, galės išsireikalauti baudą, arba pasirenka sudėtingesnį kelią ir gauna visišką kompensaciją. Patartina tokiu atveju taip pat riboti galimus nuostolius − *„bet ne daugiau nei 15% sutarties kainos"* ar pan.

Pavojus

Yra dvi problemos Lietuvos teisėje liečiant baudas. Pirma, baudoms skiriamas šešių mėnesių senaties terminas.[4]

---

[4] LR Civilinio kodekso 6.125 str.

Antra, atskiro straipsnio civiliniame kodekse dėl „iš anksto nustatytų nuostolių" nėra (nors iš anksto nustatyti nuostoliai numatyti, aiškiai surašyti, Europos sutarčių teisės principuose[5]). Tai reiškia, kad yra tikimybė, kad ir iš anksto nustatyti nuostoliai būtų kvalifikuojami kaip bauda ir jiems būtų taikomi šešių mėnesių senaties terminas. Todėl patartina bandyti, kiek galima, permodeliuoti baudas į premijas, kurių šalis netenka jeigu tam tikros prievolės neįvykdo. Dėl iš anksto nustatytų nuostolių ko gero geriausias ėjimas yra daryti nuorodą sutartyje į minėtą Europos sutarčių teisės principų straipsnį, reguliuojantį iš anksto nustatytus nuostolius; spėjamai, tokiu atveju teismai Lietuvoje būtų galimai labiau linkę nekvalifikuoti tokios išlygos kaip baudą ir todėl netaikytų šešių mėnesių senaties terminą. Kita galimybė būtų nurodyti sutartyje, kad nukentėjusioji šalis gali pasirinkti tarp iš anksto nustatytos nuostolių sumos arba reikalauti tikrai patirtų nuostolių. Tokia formuliuotė turėtų parodytų, kad iš anksto nustatytų nuostolių suma neturi netesybinės funkcijos ir todėl nėra bauda.

Nota bene

JAV ir Anglijoje baudos iš viso netoleruojamos. Jeigu teismas pripažins, kad nepaisant sutarties punkto pavadinimo, ten yra paslėpta arba de facto bauda, šis punktas negalios. (Jeigu išlyga arba punktas iš ties siekia nustatyti nuostolius iš anksto, tokia išlyga bus pripažinta galiojanti.) Šis požiūris yra sveikesnis; žiūrima į šalių intenciją sudarant sutartį ir nustatant ginčijamą sumą. Jeigu negalima protingai sieti su galimais nuostoliais, tai yra bauda – o baudos iš viso negalimos. Taigi esmė yra ta pati, tik problemos sprendimas kitas ir, kaip jau sakiau, yra principingesnis.

---

[5] COMMISSION ON EUROPEAN CONTRACT LAW, PRINCIPLES OF EUROPEAN CONTRACT LAW § 9:509 (Kluwer Law Int'l, Combined and rev. ed. 2000).

Nuostolių ribojimas

Nuostolių ribojimas yra susijęs su išankstiniu nuostolių nustatymu. Abu institutai suteikia šalims galimybę siekti skaidrumo ir numatomumo, geriau prognozuoti ateitį ir atitinkamai planuoti. Jeigu yra daugiau informacijos apie ateitį, galima jai geriau pasiruošti.

Vakarų civilizacijos teisėje abi jos pagrindinės teisinės sistemos naudoja tą pačią pagrindinę nuostolių ribojimo schemą, kurią sugalvojo Prancūzijos teisėjas ir mokslininkas Robert Joseph Pothier prieš jau beveik 300 metų.[6] Tačiau anglo-saksų ir kontinentinė teisė naudoja tą pačią schemą kiek skirtingai. Pirmiausia trumpai paaiškinsime anglo-saksų nuostolių ribojimų institutą.

Anglo-saksų teisė naudodama Pothier schemą išryškina paprastai patiriamus nuostolius nuo ypatingųjų. Mat, asmuo atsako tik už numatytus nuostolius. Tad yra akivaizdu, kad jis atsakys už visus nuostolius, kurie *paprastai* ar *natūraliai* išplaukia iš tam tikros prievolės nevykdymo. Tai yra todėl, kad tokie nuostoliai yra numatomi. Tačiau, jeigu jis sudarydamas sutartį žino, kad, dėl ypatingų aplinkybių, bus ir kiti nuostoliai, jis atsako ir už juos. Tai yra todėl, kad jam ir šitie nuostoliai yra numatomi; jie numatomi, nes jis žino, kad jie atsitiks.

Senas pavyzdys: Pardavėjas nepristato arklio pirkėjui. Šiaip pardavėjas neatsako už tai, kad pirkėjas dėl to pasivėlavo ir todėl negavo tam tikro ypatingo apmokėjimo kitame mieste. Taip yra todėl, nes pardavėjas negali numatyti tokio dalyko. Tačiau, jeigu pardavėjas būtų žinojęs kokios bus pasekmės, jis atsakytų ir

---

[6] ROBERT JOSEPH POTHIER, A TREATISE ON OBLIGATIONS §§ 162–68 (Francois-Xavier Martin, transl., Union, New Jersey, Lawbook Exchange 1999) (1751); Joseph M. Perillo, *Robert J. Pothier's Influence on the Common Law of Contract.* 11 Texas Wesleyan Law Review 267, 267 (2005) (Pothier sukūrė numatomumo taisyklę, priimta tiek kontinentinėje, tiek anglo-saksų, teisėje.)

už jas, ir ne todėl, kad jis sutinka tiesiogine prasme, bet vien todėl, kad *žino*.

Reikia suprasti, kad kontinentinėje teisėje rezultatas yra lygiai toks pats, kaip ir anglo-saksų teisėje. Tačiau pastarieji šitaip nurodo sutartyse: „atsakomybė ribojama tik paprastų (*general*) nuostolių ribose ir neapima specialiųjų (*consequential* arba *special*) nuostolių." Jeigu aptiksite panašią formuluotę, žinosite, ką tai reiškia. (Atsargiai: gali būti, kad jūs būtent norite, kad nuostoliai apimtų tam tikrus specialius (angl., *special*) nuostolius.)

Kontinentinėje teisėje yra įprasta kitokiu būdu riboti nuostolius. Dažniausiai nuostoliai yra ribojami tam tikrame apimtimi, pavyzdžiui „sutarties kaina." Tokiu atveju nukentėjęs pirkėjas gali išsireikalauti kompensaciją tik iki tos sumos ribų, kurią buvo įsipareigojęs sumokėti.

Svarbu įsidėmėti, kad yra teisės taisyklė, kad visi nuostolių ribojimai negalioja esant tyčiai. Nebūtina tai įrašyti į sutartį, kadangi tai, kaip minėjau, yra teisinė taisyklė, veikianti fone, automatiškai.

Ar tokios ribos turi tikrai dideles pasekmes? Taip. Be kita ko, jos sudrausmina šalis ir kartu leidžia šalims geriau suprasti reikalo esmę, savo ir kitos šalies realybes.

Pavojus. Viena vertus, teisės taisyklės šį reikalą reglamentuoja fone. Esmė yra ta, kad netinkamai įvykdęs prievolę asmuo, t.y. prievolininkas (skolininkas), turi visiškai atlyginti nuostolius, numatytus sutarties sudarymo metu. Pavojus gali slypėti tame, jeigu yra nuostolių, kurie atsirastų vien dėl žinomų bet ypatingų faktorių. Prievolininkas galėjų jų neįvertinti sudarydamas sutartį.

Kitas pavojus gali slypėti tuo atveju, kai sutartyje nebuvo pakankamai paaiškinta, už ką šalis neatsako. Tokie punktai ypatingai svarbūs, kai sutartys sudaromos dėl naujų produktų ar paslaugų.

Patarimas. Visos problemos esmė yra tai, kad *viskas viską paveikia*. Iš tikrųjų, tai kad vienas asmuo kažko nepadaro ar blogai padaro gali turėti tolimas, bet realias, pasekmes. Tačiau kažkaip mes turime jas riboti. Taisyklės, nustatytos galiojančiuose teisės aktuose, tai siekia padaryti, bet jos negali to geriau padaryti, nei pačios šalys, susitariančios dėl to iš anksto.

Kalba ir redakcijos

Pakankamai ilgai gyvenk ir visko pamatysi. Neseniai mačiau sutartį, parašytą lietuvių kalba, kurioje buvo genialusis sakinys: „ši Sutartis rašyta lietuvių kalba." Ačiū už paaiškinimą, dabar pagaliau aišku.

Visokių mitų prisiklausai. Vienas iš jų buvo tai, kad sutartys Lietuvoje galioja tik, jeigu yra sudarytos lietuvių kalba. Ne. Sutartį Lietuvoje gali sudaryti ir du kurčnebyliai, nemokantys nei vienos kalbos. Yra kitas klausimas dėl įrodymų teisme ir panašiai: žiūrint koks klausimas, gali tekti sutartį išversti.

Tačiau pakankamai dažnai sutartys Lietuvėlėje yra sudaromos dvejomis kalbomis. Esu sudaręs sutartį ir trimis kalbomis: portugalų, anglų ir lietuvių. (Tokių sutarčių tekstai puslapyje išskirstyti stulpeliais; kiekvienos kalbos redakcija turi po stulpelį.) Kai sutartis sudaroma keliomis kalbinėmis redakcijomis, paprastai svetimų kalbų tekstai nėra vertimai, o tos pačios sutarties visiškai lygiaverčiai tekstai (versijos, redakcijos) (CK § 6.194).

Tačiau praktiškai neįmanoma išversti sutartį ar bet kurį kitą tekstą taip, kad versija, esanti vienoje kalboje, tobulai atitiktų versiją, esančią kitoje kalboje. Reiškia, dvi versijos (redakcijos), kad ir parašytos vieno asmens, puikiai įvaldžiusio abi kalbas, vis tiek šiek tiek skirsis. Jeigu taip, kuriai redakcijai teismas turėtų suteikti pirmenybę? Teisės taisyklė yra tokia: reikia suteikti pirmenybę tai redakcijai, kuri buvo pirmiau sukurta. Tai suponuoja, kad pirmiau rašyta redakcija yra tikresnė, kadangi kita redakcija buvo sudaryta pagal pirmąją.

Taip tačiau ne visados būna, o ir šiaip įrodyti kuri pirmesnė gali būti problematiška. Todėl galima sulygti sutartyje, kad vienai redakcijai suteikiama pirmenybė. Tačiau reikia suprasti, kad kita redakcija vis tiek yra „autentiška" ir ja galima visiškai remtis. Tai visiškai skiriasi nuo situacijos, kai sutartis parengiama viena kalba ir tada nunešama į vertimo biurą ir išverčiama: tokiu atveju, vertimas yra tik vertimas. Jeigu pirmenybė yra nustatyta sutartyje, tai reiškia tik, kad, esant ginčui dėl tam tikros pastraipos reikšmės, jeigu yra skirtumas tarp vienos ir kitos redakcijos, redakcija, kuriai suteikta pirmenybė, nulems ginčijamos pastraipos (sakinio, žodžio) reikšmę.

Pavojus. Pagrindinis pavojus, ko gero, yra politinis. Visų pirma, reikia suprasti, ką reiškia sutarties punktas, kad vienai redakcijai suteikiama pirmenybė, tam, kad nepasirodytumėte kvailais prieš kontrahentus. Antra, jeigu sutartis tiktai lietuvių kalba, tai nurodyti atskiru punktu sutartyje taip pat kvaila.

Tačiau didesnis pavojus yra padaryti kitonišką klaidą: nežinoti, kada pravartu pasirūpinti, kad sutartis, sudaryta su užsienio firma užsienio kalba, nebūtų sudaroma dvejomis redakcijomis, viena – užsienio, kita – lietuvių kalba. Matote, tokiu atveju, lietuviškoji redakcija yra jūsų (tiksliau: jūsų advokato) rankose. Jeigu sutartis sudaryta tik užsienio kalba, teisme teks pateikti vertimą pagal Civilinio proceso kodekso 198 straipsnio 2 dalį, kuris suponuoja, kad vertimas bus „patvirtintas … nustatyta tvarka." Tai reiškia, kad sunku pateikti *savo*, kaip šalies, parodymus dėl tam tikros frazės vertimo. (Būtų buvę galima CPK numatyti, kad šalis, norinti įrodyti užsienio kalba parengtą dokumentą, pateikia jo vertimą. Mat, esant vertimui, jei ana šalis nori jį ginčyti, taip ir darytų. Tačiau dabar suponuojama, kad kažkas „oficialią" redakcija pateiks ir ką daryti, jeigu ji prastai išversta?)

Patarimas. Sudaryti sutartį dviejose kalbose praktiškai naudinga tik tais atvejais, kai yra didelė tikimybė, kad ginčas bus sprendžiamas Lietuvoje. Tokiais atvejais, net jeigu yra nurodyta, kad svetimos kalbos sutarties versija ima, neatitikimų atveju, pirmenybę, realiai tai nelabai svarbu, kadangi vis tiek teisėjas turės prieš akis lietuviškąją versiją. Jeigu nesuprantate tos užsienio kalbos, kuria kontrahentas siūlo sudaryti sutartį, tikimybė yra, kad duosite ją išversti prieš pasirašant. Tokiu atveju geriausia yra reikalauti, kad sutartis būtų sudaroma dviem kalbomis (tai yra, ir lietuvių kalba). Būtų galima reikalauti, kad lietuviškoji versija imtų pirmenybę, bet jeigu ginčai būtų sprendžiami ne Lietuvoje, toks reikalavimas yra beprasmis.

Subnuoma ir Subranga. Reikalavimų perleidimas

Šie trys institutai mažai ką teturi bendro, išskyrus tai, kad jie visi yra susiję su trečiaisiais asmenims, kurie lyg ir įtraukiami į sutartį.

Iš jų ko gero lengviausias yra *subnuoma*. Dažniausiai šis institutas pasirodo dabartinėje Lietuvoje draudžiamojoje formoje: *„Nuomininkas neturi teisės patalpas subnuomoti.“* Verta suprasti, kad pats įstatymas (CK 6.490) nustato tą patį: nereikia to kartoti, kadangi ši teisės taisyklė ir šiaip operuos.

Verslininkams pravartu suprasti, kad, esant subnuomininkui, vis tiek nuomininkas lieka atsakingas už visus savo sutartyje esančius įsipareigojimus, įskaitant nuompinigių mokėjimą. T.p., dėl tam tikrų kitų institutų, subnuomininkas taip pat turi nuomotojui įsipareigojimų. Tad nėra būtina (sutartyje) įrašyti punktą dėl subnuomos draudimo.

Pavojus. Pavojinga yra tai, kad Civilinis kodeksas nustato, kad galima nesutikti subnuomoti patalpas tiktai *dėl protingos priežasties*. Ne tik tiek, bet jeigu sutikimas nesuteikiamas nesant protingos priežasties, tai tas nesutikimas suteikia nuomininkui teisę nutraukti sutartį. Reikia suprasti, kad versle, tai yra, jeigu patalpos nuomojamos įmonei, retai bus ta protinga priežastis.

Patarimas. Todėl, jeigu labai norima drausti, tai reikėtų nepamiršti įrašyti į sutartį, kad nuomotojas gali nepatenkinti prašymo leisti subnuomoti savavališkai, vienvaldiškai, visiškai savo nuožiūra. Kitaip, nesant protingos priežasties (o vargu ar tokia būtų, kadangi vienas UAB`as panašus į kitą), nuomininkas įgaus teisę nutraukti sutartį. Kitas variantas: kad jeigu nuomotojas nesutinka subnuomoti dėl bet kurios priežasties, kad tai nesuteikia nuomininkui teisės nutraukti sutartį (prieš terminą).

Subranga

Nežadu detaliai nagrinėti rangos sutarčių subtilybių. Tačiau verta suprasti, kad ranga iš esmės yra paslaugų teikimo rūšis; Kvebeko civilinis kodeksas net traktuoja abi rūšis vienoje vietoje. Rangos sutartyse yra ganėtinai įprasta, kad rangovas naudos kitas įmones atlikti dalis numatyto darbo: gali net būti, kad rangovas jokio „darbo" kaip tokio neatliks, o tik kontroliuos visą eigą.

Pavojus.

Pavojus dažniausiai kyla programinės įrangos kūrimo sutartyse. Mat, su programine įranga visame pasaulyje yra problematiška, kadangi tai teisinis mišinys. Nei ranga, nei paslaugos, nei grynai daikto pirkimas-pardavimas. Taigi pavojus slypi tuo atveju, kai tokioje sutartyje yra minimi *subrangovai*. Mat, paslaugų teikime nėra subrangovų; tik rangos sutartyse yra subrangovai. O LR Civiliniame kodekse taisyklės, taikomos paslaugų sutartims, skiriasi nuo rangos sutartims taikomų taisyklių; gali būti, kad nei šalys, nei teismas, nežinos kurias taikyti. Teismas galutinai išspręs, tačiau, žiūrint į aplinkybes, tai gali būti jūsų nenaudai.

Patarimas

Patartina tiksliai naudoti terminus; reikia neprimaišyti. Subrangovai egzistuoja tik rangos sutartyse. (Galima ir programinės įrangos kūrimo sutartį parašyti pagal rangos modelį, bet reikia žinoti ką darai.) Šiaip, prievoles įvykdyti beveik visada verslo pasaulyje gali bet kas, net nesant kreditoriaus sutikimo. Jeigu paslaugų sutartyje vykdytojas (skolininkas) atliks savo prievolę pasikliaudamas kitais, ir jeigu būtina, kad kreditorius (užsakovas) turėtų reikalų su jais, tai ganėtinai sudėtinga teisinė matematika ir turi būti pritaikyta prie konkrečių aplinkybių.

Reikalavimų perleidimas

Jeigu yra *teisė į kažką*, tai reiškia, kad teismai (valstybė) pripažins ir gins jo galią pasinaudoti ta teise.

Taigi, jeigu jūs man skolingi pinigų, aš galiu (tai yra, turiu fakultatyvinę, vienvaldišką, savavališką galią) perleisti kitam asmeniui savo teisę tuos pinigus reikalauti iš jūsų. Jeigu aš tai padarau, aš teisės reikalauti kažko iš jūsų nebeturiu. Reikalauti iš jūsų tuos pinigus turi galią (gali) tas asmuo, kuriam perleidau tą savo teisę reikalauti. Kitaip sakant, tas asmuo turi teisę reikalauti kažko iš skolininko kuriam *reikalavimas* buvo perleistas. Galima perleisti ne tik teisę gauti pinigus, bet ir kitas sutartines teises—ir visa tai be skolininko sutikimo.

Pagal pasaulinę praktiką LR Civilinio kodekso nustatyta teisės taisyklė, operuojanti fone (tai yra, nereikia atskirai dėl tokios taisyklės taikymo susitarti; ji *operuoja fone*), yra tokia: galima perleisti visas teises, kurios nėra susijusios su kreditoriaus asmenybe. Versle retai tokių pasitaiko.

Lietuviškose sutartyse ganėtinai dažnai vis dėlto pasitaiko punktas, kuriuo (atseit) draudžiama perleisti reikalavimą. Daugelyje šalių toks draudimas negalioja, ir tai teisinga politika, kadangi perleidimas visiškai nieko nekeičia; perleista prievolė lieka visiškai tokia pati, kaip neperleista: nei didesnė nei mažesnė. Tačiau Lietuvoje, deja, toks punktas galioja, nors jis nesuteikia jokių privalumų.

Pavojus

Kartais susidaro įspūdis, kad yra Lietuvoje stiprus psichologinis laukas, kuris verčia *drausti drausti, žiūrėt ar kruta, ir toliau drausti*. Mieli verslininkai, ypatingai jūs darbų vykdytojai, nepašaukite sau į koją. Jeigu jūsų kontrahentas draudimų mėgėjas, bent jau išsikovokite galimybę perleisti piniginį reikalavimą. Esant reikalui, galėsite perleisti jį trečiajam asmeniui, galbūt už diskauntą (faktoringas), bet bent jau turėsite tokią galimybę. O tai jūsų kontrahentui tikrai negali pakenkti; ar svarbu kam jis perves pinigus?

Nota bene: Reikalavimo perleidimas nėra mokėjimo nurodymas. Mokėjimo nurodyme kreditorius (jūs) nurodote skolininkui pervesti pinigus ne jums, bet kažkam kitam. Tokiu atveju trečiasis asmuo nėra reikalavimo turėtojas; jis negali reikalauti, kad jam jūsų skolininkas sumokėtų. Taip pat, jeigu jūsų skolininkas, net ir gavęs mokėjimo nurodymą, vis tiek jums sumokėtų, tai laikoma skolos patenkinimu.

Sutarties anatomija 3 dalis

Apskaitos, audito ir mokesčių aktualijos
2010 m. rugpjūčio 16 d., pirmadienis, Nr. 30 (606)

ŠIOJE STRAIPSNIŲ serijoje aš aiškinu tuos punktus sutarčių, kuriuos lietuvis verslininkas dažniausiai aptiks, kartu paryškindamas pavojus ir pateikdamas pasiūlymus, kaip juos išvengti. Visi verslininkai turėtų turėti bent minimalias žinias apie teisę, ypač sutarčių teisę, tam, kad galėtų tinkamai dirbti su savo advokatais.

Išlygos trečiųjų asmenų naudai

Išlygos trečiųjų asmenų naudai suteikia tretiesiems teises, nors jie ir nepasirašo sutarties (LR CK 6.191 str.). Nėra kažkokios ypatingos formuluotės, kurios dėka šitas institutas pradeda veikti. Ir kartu galima pastebėti, kad nebūtinai tai yra blogai. Juk šalys padarė tą išlygą ir ne sau, o trečiajam asmeniui, jo naudai.

Pavojus

Kartais šalys sudaro painią sutartį, kurioje minimos kelios įmonės. Viena, tarkime, užsako kompiuterinę įrangą pagal sutartį su dar kita įmone (vad. „galutinis užsakovas" ar pan.). Tokioje sutartyje iš principo galima argumentuoti, kad galutinis užsakovas, nors nėra sutarties šalis, įgauna tam tikras teises į jos vykdymą dėl *išlygos trečiosioms šalims* instituto. Tačiau ko gero šalys sudarydamos sutartį to nesiekė. (Rangos sutartys nesudaro tokių išlygų, tačiau programinės įrangos kūrimo sutartys nėra rangos sutartys ...)

Patarimas

Tokiais atvejais, kai yra minimos trečiosios šalys, bet nėra siekiama joms suteikti teisių, galima apsidrausti ir įrašyti, kad „šioje sutartyje išlygų nedaroma trečiųjų šalių naudai." Kita vertus, jeigu pati sutartis numato tas išlygas (žr. pateiktą pavyzdį), rezultatas problematiškas. Sutartis turėtų būti parengta taip, kad būtų aišku, jog trečiosioms šalims nedaroma išlygų.

Taikomoji teisė

Prieš kelerius metus, vienas teisininkas, buvęs vice-ministras, man teigė, kad Lietuvos teismai negali taikyti kitų šalių teisę. Susilaikiau, kaip dažnai tenka, nors net ir senasis, 1964 m., sovietinis civilinis kodeksas buvo įteisinęs kitų šalių teisės taikymą.

Kaip tai gali būti? Na, reikia suprasti, kad civilinėje teisėje, imperatyvinių normų nėra daug. Praktiškai visas taisykles, nustatytas civiliniame kodekse, gali būti šalių susitarimu netaikomos arba keičiamos. Todėl kitos šalies teisė gali būti taikoma.

Jeigu sutartis sudaroma tarp Lietuvos įmonių, tikrai nebūtina nurodyti, kad taikytina Lietuvos teisė. Tai net gali atrodyti kvaila. (Tokiais atvejais Lietuvos teisė taikoma automatiškai...)

Jeigu, tačiau, sutartis sudaroma su užsienio kontrahentais, tai jau kitas klausimas. Jeigu nenurodyta kuri teisė taikytina, Lietuvos ar kitos šalies, teismas nustatys kurią teisę taikyti pagal tam tikras teisines taisykles. Tačiau geriau yra nurodyti kuri teisė taikytina jau sutartyje, todėl, kad tai aiškiau. Mat, ne visad yra ir teismui aišku, kurios šalies teisė taikytina.

Pavojus I. Jeigu sutartis sudaroma tarp Lietuvos ir užsienio įmonės, nenurodžius taikytinos teisės, gali būti problematiška nustatyti, kurios šalies teisė yra taikytina (kaip minėjau, yra tam klausimui spręsti taisyklės, tačiau kartais pasitaiko, kad net ir išmanantys tas taisykles nėra vieningos nuomonės ...). Tokiu atveju, šalis gali visai gera valia nesuprasti savo teisinės pozicijos: ar ji yra tinkamai įvykdžiusi savo įsipareigojimus ir t.t.

Pavojus II. Jeigu sutartyje yra nustatoma, kad, pavyzdžiui, taikytina teisė yra tam tikros užsienio šalies, na, tai bent aišku, kurios šalies teisė taikytina. Pavojus, tačiau, dar vis yra. Juk kiek Lietuvos teisininkų yra gerai susipažindinę su Italijos ar Brazilijos teise? Ir jeigu ir yra susipažindinę, per kažkokį stebuklą, vienok advokatas iš principo neturėtų vaizduoti, kad gali patarti dėl svetimos šalies teisės. Beje, bent jau Anglijos ir JAV teisės šaltiniai yra anglų kalboje ir todėl, bent iš principo, turėtų būti kiekvienam išsilavinusiam žmogui suprantama, bet ką daryti su Malta ar Egiptu?

Pavojus III. Kai sutartis yra tarp Lietuvos įmonės ir užsienio kontrahentu ir, kai sutarties dalykas yra prekių pirkimas-pardavimas, tikimybė yra, kad automatiškai bus taikoma Jungtinių Tautų Konvencija dėl prekių pirkimo-pardavimo. Galima sutartyje nustatyti, kad Konvencija nebūtų taikoma—bet tai reikia labai aiškiai nurodyti, antraip, ji vienok bus taikoma (neužtenka rašyti, kad būtent Lietuvos teisė taikytina, kadangi Konvencija yra dabar Lietuvos teisės dalis).

Patarimas. Jeigu sutartis sudaroma su JAV ar Anglijos įmone, galima leisti taikyti tų šalių sutarčių teisė, kuri yra pasaulio labiausiai išvystyta ir aiški. Tačiau ko gero visuomet geriausia nurodyti (išskyrus prekių pirkimo-pardavimo sutartyse), kad taikytina ne vienos ar kitos šalies, o *Tarptautinio privatinės teisės unifikavimo instituto* (UNIDROIT) *Tarptautinių komercinių sutarčių principus,* apie kuriuos esu rašęs šiame laikraštyje. UNIDROIT principai – neutralus pasirinkimas.

Ginčai ir derybos

Lietuviškose sutartyse yra dažnokai aptinkamas matyt savos-gamybos (arba gal importuota iš rytų) frazė, kuri yra ganėtinai aklai įrašoma prie nustatančio taikytinos teisės punkto. (Niekados nesu nieko panašaus aptikęs Prancūzijos, Anglijos ar JAV sutartyse). Pateikiu ištrauką iš sutarties, kurią mano klientams siūlė pasirašyti Rusijos dukterinė įmonė: *„Visi ginčai, kylantys dėl Sutarties vykdymo yra sprendžiami derybų keliu. Tuo atveju, jei tokiu būdu ginčo išspręsti nepavyksta, bet kurios Šalies valia jis sprendžiamas Lietuvos Respublikos teisės aktų nustatyta tvarka."*

Pavojus. Cituotas tekstas sąlygoja šalies teises derybomis. Kitaip sakant, pagal cituojamą tekstą negalima naudotis įstatymų suteiktų teisių jeigu pirmiau nebuvo dėl to klausimo pravestos derybos. Problema yra, kad įstatymai nereikalauja derybų, nesąlygoja jūsų įmonės teisių derybų pravedimu. Tai yra protinga ir visiškai suderinta su Vakarų teisėmis normomis. Būtinumas derėtis kaip sąlyga teisių pasinaudojimu gali sudaryti didesnių nuostolių (ir problemų) ir, beje, kartais galima prarasti galimybę išeiti iš sutarties tada, kai realiai to reikėtų.

Duosiu pavyzdį.

Jūsų kontrahentas turėjo atlikti jums tam tikrą paslaugą. Sutartis nustato, kad jūs turite teisę nutraukti sutartį jeigu jis tampa nemokus. Jis tampa nemokus. Apie ką galima vesti derybas? Kokia prasmė?

Jūsų kontrahentas privalo jums pristatyti tam tikrus aparatus dviejų mėnesių laikotarpyje. Jis pasako tretiesiems, kad niekaip nesuspės. Toks jo pasisakymas suteikia, pagal LR CK, jums teisę nutraukti sutartį. Tačiau jeigu būtų derybos, yra tam tikros teisės doktrinos, kurių dėka jis galėtų panaikinti jūsų teisę nutraukti sutartį. Jūs norite tokio kontrahento? Jūs juo pasitikite? Aš nepasitikėčiau. Bent jau ne pagal šiuos faktus.

Jūsų kontrahentas vėluoja įvykdyti savo įsipareigojimus. Jūs pasinaudojate LR CK nustatytomis taisyklėmis ir įgaunate teisę nutraukti sutartį. Apie ką čia galima derėtis? Tačiau jūs negalite nutraukti sutarties be derybų. Kam? Jie jau labai pavėlavę.

Beje, antras sakinys („vienos šalies valia...") realiai nesiderina su šios, tai yra, Lietuvos, šalies teise. Toks sakinys labiau tinka Prancūzijai ... mat, ten praktiškai *viską* turi spręsti teismas. Nutraukti sutartį šalis negali (na, iš principo, nors yra išlygų), tik teismas gali, ir t.t. Lietuvos teisė šiuo atžvilgiu panašesnė į anglo-saksų.

Patarimas Išbraukti viską apie „derybas" ir panašiai. Rašyti šviesiai tiesiai: Šiai sutarčiai taikoma Lietuvos (Niujorko, Brazilijos) teisė.

Žinybingumas

Jeigu ginčas yra žinybingas tam tikram teismui (Klaipėdos apylinkės teismui, Londono miesto teismui, arbitražiniam „teismui"), tai reiškia, kad ginčo sprendimas yra priskiriamas tam teismui, arba, dar paprasčiau, būtent *tas* teismas ir ne kitas turi fakultatyvinę galią spręsti tą ginčą. Akivaizdu, kad tai kitas klausimas nei taikytinos teisės.

Pavojus. Kaip dėl taikytinos teisės, jeigu šalys nenustato kuriam teismui ginčas žinybingas, yra tam tikros taisyklės pagal kurias teismas išspręs šį klausimą. Tačiau būna, kad sunku prognozuoti rezultatą. Taipogi, rezultatas gali būti nepalankus, neišbalansuotas.

Patarimas. Jeigu sutartis yra vietinė, tai yra, tarp Lietuvos įmonių, ko gero nėra didelės problemos. Tačiau jeigu sutartis yra tarptautinė, akivaizdu, kad šitas klausimas opus. Aukščiau minėtos UNIDROIT taisyklės išsprendžia šį reikalą ganėtinai gerai (reiškia, jeigu nustatote, kad sutarčiai galios UNIDROIT taisyklės, tai kartu ir išsprendžia žinybingumo klausimą). Problema dažniausiai kyla, tačiau, kai viena šalis primygtinai nori, kad būtų sprendžiama jų šalyje (mieste). Galima siūlyti UNIDROIT formuluotę: ginčas žinybingas atsakovo šalies teisme. Galima siūlyti tiesiog taikyti UNIDROIT taisykles ir nieko neįrašyti dėl žinybingumo. Galima palikti sutartyje šį klausimą neišspręstą. Visi šie variantai bent jau kai kuriais atvejais reikštų, kad ginčas būtų žinybingas Lietuvoje.

Arbitražas

Sutarties šalys turi galimybę (gali) pasirinkti ne teisminį ginčų sprendimo organą. Tokie ginčo sprendimo būdai vadinami „alternatyviais." Dažniausias variantas yra arbitražas.

Arbitražas nėra teismas, nors LR įstatymas naudoja terminą, „arbitražo teismas." Arbitražas yra panašus į teismą tik tiek, kad jo sprendimas, liaudiškai kalbant, pilnai galioja, lyg tai teismas būtų jį priėmęs. (Techniškai, arbitražo sprendimas pateikiamas apylinkės teismui, kuris išduoda jo vykdymo raštą.)

Kuom skiriasi arbitražas nuo teismo?

Pirma, arbitrai (taip vadinasi tie asmenys, kurie sprendžia ginčą) nėra etatiniai arbitražinės institucijos darbuotojai. Jie yra (bent jau tariamai) patyrę teisininkai. Antra, arbitražo procesas vyksta ne pagal civilinio proceso kodeksą, bet pagal tos instancijos arba tarptautines taisykles. Trečia, procesas gali būti žodinis arba *tik pagal šalių pateiktus dokumentus* ir kitą medžiagą. Ketvirta, arbitražinis ginčo sprendimas dažniausiai greitesnis negu teisminis. Penkta, arbitražas kainuoja mažiau, nei teismas.

Tačiau yra ir problematiškų momentų. Apylinkės teismo sprendimą dėl teisinio klausimo galima apeliuoti aukštesnei instancijai. Tačiau arbitražo sprendimą negalima apeliuoti. Kitaip sakant, nėra kaip kvestionuoti arbitražo teisės taikymą, teisinių normų interpretaciją. Tai reiškia, kad, realiai, negalima žinoti kodėl arbitražas priėmė tam tikrą sprendimą.

Antra, arbitražas, tai yra, nuolatinė arbitražinė institucija (kurių Lietuvoje yra dvi) nėra valstybės dotuojama. Tai privačios struktūros, kurios turi išsilaikyti. Tai reiškia, kad jos negali nuskriausti savo pastovių „klientų" interesų. Tokie pastovūs klientai, bent jau Vakarų valstybėse, yra didelės bendrovės.

Patarimas. Nebent žinoti tiksliai, kodėl tai darote, nepasirinkite arbitražo kaip ginčo sprendimo organą. Jeigu jūsų užsienio kontrahentas siūlo arbitražą, tai nebūtinai blogas dalykas; pramąstyti reikia, ar vertėtų jūsų atveju nustatyti, kad procesas vyksta grynai dokumentiniu būdu. Reikia pramąstyti taip pat arbitražo apmokėjimo klausimo; bendrai, automatiškai taikoma taisyklė yra, kad kaštus apmoka šalys lygiomis dalimis, tačiau galbūt teisinga būtų šią taisyklę keisti susitarimo būdu.

Egzemplioriai ir priedai

Labai dažnai lietuviškose sutartyse nustatoma, kad, „Ši Sutartis sudaryta dviem lygiaverčiais egzemplioriais, kiekvienai Šaliai atiduodant po vieną. Visi šios Sutarties priedai yra neatskiriama jos dalis."

Na, sutarties priedai yra sutarties dalis. Nieko daug čia nepeši, pakartodamas tai, kas ir šiaip neginčijama. Protingiau būtų tuos priedus sutartyje (čia) *įvardinti*, kaip antai: „Ši sutartis turi penkis priedus, numeruotus 1-5."

Pirmasis sakinys dėl egzempliorių, yra dar didesnis kuriozas. Sutartis gali būti sudaroma šalims pasirašant visai atskirus egzempliorius. Kartą atstovavau užsienio klientus, kurie pirko Lietuvoje esantį keleivinį lėktuvą, kainuojanti milijonus, ir pirkėjai bei pardavėjai pasirašė atskirus dokumentus. Viskas su tuo tvarkoje; svarbu, kad pasirašė, kad dokumentų tekstai vienodi.

Svarbiausia teisiškai yra tai, egzistuotų kad rašytinis dokumentas, kad būtų galima įrodyti, kad jis egzistavo. Kiek yra jo egzempliorių nėra svarbu; juo labiau nėra svarbu, kaip šalys juos pasidalino. Tokie formuliariški pasisakymai tik kelia abejonių dėl asmens, paruošusio sutartį, kompetencijos.

Pavojus. O jeigu sutartis nurodo, kad buvo sudaryta tik du egzemplioriai, bet šalys ėmė ir pasirašė tris kopijas? Ar visos trys negalioja? Ar tik viena? Visa tai, žinoma, nonsensas – galioja visos trys, galioja sutartis. Bet visas reikalas kvailas, kai kalbama apie skaičių ir kam egzemplioriai atitenka.

Patarimas. Jeigu rašyti kažką apie egzempliorius, rašyti tik, kad „sutartis sudaryta keliais egzemplioriais, kurie visi laikomi autentiškais ir lygiaverčiais."

Pakeitimai

Bendrai paėmus, susitarimai tarp šalių kontinentinėje teisėje dėl įrodymų yra teismų pripažįstami. Antra vertus, net esant susitarimui dėl to, kad sutarties pakeitimai turi būti rašytini, Vakarų Europos teismai paprastai leidžia šalims įrodyti žodiniais parodymais, kad paskiau buvo susitarta to ribojimo netaikyti. (Kitaip sakant, rašytinę sutartį yra normalu keisti žodiniais susitarimais, pakeitimais, papildymais – jie galioja.)

Lietuvoje, nors tai daug kam gali atrodyti keista, rašytinę sutartį galima keisti ar papildyti žodiniu susitarimu. Tokia nuostata laikoma visiškai normali; pavyzdžiui, Prancūzijoje ir Belgijoje tiesiog nėra tokios praktikos, numatyti sutartyje, kad ją galima keisti tik rašytinai. Keletą dešimtmečių JAV teisės profesoriai diskutavo, kas atsitiktų kontinentinės teisės šalyje, jeigu tenykštis teismas nagrinėtų sutartį su tokiu draudimu. Mat, JAV teisėje toks apribojimas yra ganėtinai logiškas, dėl labai komplikuotų priežasčių ir teisinių institutų, kurių tiesiog nėra kontinentinėje teisėje.

Tačiau lietuviškose sutartyse labai dažnai aptinkamas žodinių pakeitimų ribojimas, kaip antai, *„Bet kokie Sutarties pakeitimai ir papildymai galioja, tik jei yra padaryti raštu."* Tokie punktai reglamentuojami LR CK 6.183 str.

Pavojus. Ar tikrai jūs nenorite turėti galimybę įrodyti, kad jūs ir jūsų kontrahentas susitarėte pakeisti ar papildyti sutartį žodžiu? Gali būti. Tačiau nebūtinai. Viskas priklauso nuo jūsų verslo ypatybių.

Vienok, diskutuojamas punktas *neturi to poveikio*, kurį manote, kad jis turi. Pagal LR CK, kuris šiuo klausimu nesiskiria nuo UNIDROIT taisyklių (§ 2.18), šalis praranda galimybę remtis tokia išlyga, jeigu kita sutarties šalis atitinkamai veikė, remdamasi pirmosios elgesiu.

Iš esmės tai reiškia, kad jeigu šalis priėmė vykdymą, dėl kurio buvo susitarta žodžiu ir kuris nebuvo sutartyje aptartas arba prieštarauja sutarčiai, priėmusi vykdymą šalis yra praradusi galimybę remtis išlyga. Laikoma, kad nuo to meto visi žodiniai pakeitimai rašytinės sutarties galios.

Patarimas. Visko gali būti. Gali būti, kad iš ties jūsų versle paprastai nebūna reikalo keisti sutartį. Tokiais atvejais galima ir daugiau apsidrausti: nustatyti, kad ne tik sutartis, bet ir pakeitimai negalios nebent yra pasirašyti ir užantspauduoti – arba net nesant šalies advokato patvirtinimo.

Tačiau kai kuriose verslo srityse tiesiog normalu keisti sutarties sąlygas. Tokiu atveju geriau numatyti teisingą ir efektyvų būdą keisti sutartį elektroniniu paštu. Tai nebūtinai reiškia, kad reikia elektroninio parašo—yra kitų priemonių. Kitaip sakant, jeigu jūsų versle yra normalu keitinėti sąlygas, reikia sugalvoti lengvą būdą tai padaryti; įgalinti tokį veiksmą, jį numatyti.

Apėmimas

„Ši rašytinė sutartis apima visus tarp šalių esančius susitarimus" arba „Ši rašytinė sutartis apima visą tarp šalių esantį susitarimą." Tokius punktus, kurių teisinis rezultatas vienodas, galima aptikti tarptautinėse verslo sutartyse; jie taip pat skverbiasi ir į vietines, grynai tarp lietuviškų įmonių, sutartis. Anglų kalboje jie vadinami merger arba entire agreement punktai.

Kai kurios Europos sąjungos valstybėse šis punktas yra normalus, kituose negaliojantis, dar kitose: iš viso neaptinkamas. Kontinentinėje teisėje geriausias jo paaiškinimas yra, kad tai yra šalių susitarimas dėl įrodymų; tiksliau, dėl jų ribojimo. Siekiama riboti įrodymus iš esmės dėl papildomų, neapimtų galutinėje rašytinėje sutartyje, sąlygų.

Todėl šis „institutas" liečia tam tikrą teisinės politikos srovių konfliktą. Viena vertus, visi įrodymai turėtų būti svarstomi. Kita vertus, reikėtų gerbti šalių susitarimus dėl įrodymų. Reikalą dar komplikuoja tai, kad dažnai tokie punktai nėra šalių atskirai ar specifiškai aptariami arba šalys savo veiksmais jį ignoruoja, tada viena ar kita bando jį naudoti; šios aplinkybės irgi įtakoja šio punkto teisminį traktavimą.

Atskiro straipsnio, reglamentuojančio šį institutą, LR CK nėra. Kažkodėl jis CK neaptartas, nors atskiri punktai dėl jo įtraukti tiek į UNIDROIT taisykles, tiek į Europos sutarčių teisės principus (PECL) ... taip pat literatūroje aišku, kad šis punktas galiotų ir sutartyse, kurios yra reglamentuojamos JT tarptautinių prekių pirkimo-pardavimo konvencijos.

Pavojus

1. Visų pirma, suponuojant, kad šis institutas būtų teismo taikomas, jis yra peilis, turintis dvi ašmenis. Nebūtinai jis suveiks jūsų naudai. Faktas yra, kad šalys realiai kalba, susirašinėja, aiškinasi, pateikia patvirtinimus. Yra žmogiškasis faktas, kad rašytinė sutartis visko gali ir neapimti, ypatingai jeigu viena šalis yra ganėtinai stipresnėje pozicijoje (pastaroji nelabai bus linkusi keisti savo iš anksto paruoštą sutarties projektą).

2. Kita vertus, aiškinimosi sąlygų, galimų darbų, procese yra žmogiškai normalu dėl vieno ar kito punkto susitarti pradžioje, dėl kurių vėliau paaiškėja, kad šių punktų nereikia. Arba bent viena šalis taip mano. Toks atvejis reiškia, kad viena šalis mano, kad dėl kažko susitarta, o kita – ne. Tokiais atvejais punktas dėl *apėmimo* (angl. *merger clause*) yra protingas.

Esu tikras, kad yra skaitytojų, kurie purto galvas. Galbūt jie nesupranta, kad teisėje sutartis yra sudaryta tada, kai šalys susitaria dėl jos esminių punktų. Susitarimas yra esmė, ne parašai, ne antspaudai, ne kažkokie ritualai ar formalios sutarties surašymas. Tai prieštarauja sovietinių laikų mąstymui, tačiau ... daug kas prieštarauja tokiam mąstymui. Visas privatus, vad. civilinis, gyvenimas prieštarauja tokiam mąstymui.

Patarimas. Nėra vienareikšmio patarimo dėl *apimties* (angl. *merger clause*) punkto. Visais atvejais reikia žiūrėti į situaciją, į taikytiną teisę, į ginčo sprendimo numatomą jurisdikciją. Tačiau visais atvejais, jeigu nežinote ką punktas (šis ar bet kuris) reiškia, jo neįtraukite į savo sutartį! *Išbraukite!* Nebūkite kaip mergina (ar vaikinas ...) kuris išteka (susituokia) tik todėl, kad „visi taip daro." Vargiai ar tokiu atveju sulauksite laimės.

Žinoma, visuomet geriau yra pasitarti su savo advokatais. Priimkite patarimą: šie ir kiti mano straipsniai turi tikslą jus įgalinti geriau dirbti su advokatais. Tam reikia tam tikrų minimalių žinių. To ir siekiama pateikti.

Parašai, antspaudai, ir pan.

Šio straipsnio tikslas yra aptarti rašytinės sutarties formos, kurios šiuolaikinis Lietuvos verslininkas, gali aptikti, elementus, sudedamąsias dalis. Tačiau, kaip jau minėjome, sutartis laikoma sudaryta jau tada, kai dėl jos esminių punktų yra susitarta (CK 6.162 str. 2 d.). Tai reiškia, kad ta galutinė, formalioji sutartis nebūtinai yra paskutinis žodis dėl sutarties tarp šalių turinio.

Jeigu iš ties jūs dirbate su advokatu ir jūsų sutartis bus profesionaliai paruošta, yra galimybė šiek tiek apsisaugoti. Žinoma, kaip viskas sutarčių teisėje, ir šis ėjimas gali turėti neigiamų pasekmių. Tačiau jeigu derybų metu jūs pranešate kitai šaliai, kad nelaikysite, kad sutartis sudaryta tol, kol nebus susitarta dėl tam tikrų sąlygų, arba tol, kol susitarimas nebus įformintas tam tikrais būdais (t.y., negalios sudaryta atskirais raštais ar komunikacijomis sutartis), tai teismas taip ir laikys. (CK 6.181 str. 3 d.; 1.73 str. 3 d.)

Kitaip sakant, galima pareikšti, kad laikysite, kad sutartis sudaryta tik esant vienai ar daugiau iš šių sąlygų:

- pasirašyta formali, rašytinė, abiejų šalių pasirašyta viena (vieninga, nesudaryta atskirais raštais) sutartis;
- užantspauduota įmonių antspaudais;
- pasirašyta tam tikrų asmenų;
- aprobuota įmonės advokato.

Pavojus. Pavojus, kaip jau minėta, yra rezultatas to, kad Vakarų šalių sutarčių teisė siekia nebūti „formalumų vergė." Kita vertus, formalumai turi savų privalumų: jie bent jau paviršutiniškai suteikia santykiams daugiau aiškumo. Vienaip ar kitaip, jeigu derybos yra ganėtinai ilgos, ko gero galima išvengti tam tikrų neaiškumų ir galimų ginčų dėl sutarties sąlygų jeigu sutarties sudarymą sąlygosite tam tikrais formalumais. Tai, kaip jau aiškinta, gali atsiliepti ir neigiamai; gali būti, kad būtent *jūsų* įmonė norėtų įrodyti susitarimą, kuris nėra ar nėra pilnai įtrauktas į galutinę, formalią, sutartį.

Patarimas. Jeigu manote, kad sutarties sudarymo sąlygojimas tam tikrais formalumais padės, taip ir sąlygokite. Svarbiausia, nesant iš anksto tokios iškeltos sąlygos, supraskite, kad galima iš principo įrodyti ir kitas, galutinėje sutartyje neįtrauktas, sąlygas ar patvirtinimus, jeigu tokių buvo.

Antspaudai

Nors antspaudai LR praktikoje fetišuojami, jokiuose LR įstatymuose nėra numatyta, kad tarp įmonių ar net tarp įmonės ir vartotojo sudaroma sutartis turi būti užantspauduota. Vienoks ar kitoks antspaudas gali tapti reikšmingas tiktai jeigu, kaip jau minėjau, verslininkas derybose pareiškia, kad nelaikys, kad sutartis sudaryta iki kol nėra atlikti tam tikri formalumai, kurių tarpe gali būti ir užantspaudavimas. Viskas.

Kai kuriose šalyse, t.t. ir Europoje, įmonės antspaudas net negali būti naudojamas sutartims. Jis naudojamas tik tam tikroms akcijoms žymėti.

Esu matęs įdomių dalykų. Vieno universiteto rektorius pasirašydavo vidaus sutartis, duodamas užantspauduoti universiteto antspaudu. O sutartimis su užsieniu – be jokių antspaudų.

Vis dėlto geriausias buvo šis atvejis: buvau daugelį metų dirbęs JAV didelėje organizacijoje, kurioje buvo per 15 000 darbuotojų. Pajamas norėjau deklaruoti Lietuvoje. Lietuvos mokesčių inspekcijos skyriaus vedėja man paaiškino, kad dokumentai, man išduoti tos organizacijos, negalioja, kadangi ... yra be antspaudo. Jai aiškinau, kad ta organizacija nenaudoja antspaudo. Ji man (teisės daktarui, advokatui) tvirtino su didžiausiu savimi pasitikėjimu, kad aš klystu, kad antspaudas yra. Lietuvoje dažnai aptiksi tokią arogancija, tokį tikėjimą stabais (vad. „viskas aišku" sindromas).

Žinoma, sveikintinas yra užmojis „galutinai išgyvendinti antspaudo naudojimo prievolę." Tokį siūlymą 2011 m. pateikė LR Teisingumo ministerija.[7] Esą panaikinus reikalavimą, steigiant įmonę nebereikės pirkti antspaudo; sakoma, kad tai kasmet sutaupys pusę milijonų litų. Norint visa tai įgyvendinti, sakoma, teks „pakeisti visą pluoštą teisės aktų."

Šioje situacijoje galima įžvelgti kelis įdomius momentus. Įstatymų, verčiančių įmones turėti antspaudą, nesu aptikęs. Kaip jau anksčiau esu minėjęs, joks įstatymas nereikalauja naudoti antspaudus sudarant sutartis (to nebuvo net sovietmetyje). Atrodo, kad bent jau didžioji dauguma, jei ne visi, minimi teisės aktai yra kiti teisės aktai, ne įstatymai (būtent, ministerijų

---

[7] LR Teisingumo min., *Ministerijos naujienos: Pritarta siūlymui galutinai išgyvendinti antspaudo naudojimo prievolę, talpinama* http://www.tm.lt/ naujienos/pranesimasspaudai/1602 (2011-01-02).

įsakymai, Vyriausybės nutarimai). Verčiama, iš esmės, naudoti antspaudą turint reikalų su valstybe, su ja sudarant sutartį. Savaime kyla klausimas: kas vertė Lietuvos valdininkiją priversti mus pirkti ir naudoti tuos antspaudus? Matyt, itin stipri *idée fixe* arba kiek piktesnis, negu eilinis velnias.

Antras klausimas yra šis: kodėl reikia keisti visus tuos teisės aktus? Juk priėmus įstatymą, jie visi (atitinkantys jų dalys) negaliotų.

Parašai

Sakykime, kad dėl sutarties teksto pagaliau susitarta. Beliko tik pasirašyti. Lietuvoje įmonės yra juridiniai asmenys: reikia suprasti, kad nors fizinis asmuo, t.y., žmogus, tas sutartis pasirašo (ir žinoma, savo parašu), tai daroma įpareigoti įmonę, o ne pasirašantįjį. Yra daugybė variantų, bet svarbu pabrėžti, kad būtent įmonė sudaro sutartį, kad už ją yra pasirašoma. Galima šitaip formuluoti: Už UAB „ABCD" [parašas] pareigos.

Apsukresniems gali kilti klausimas: kas yra parašas? Juk vienų yra hieroglifas, kitų, atrodo, keičiasi pagal savijautą. LR įstatymuose, regis, paprastas parašas nėra reglamentuotas (nėra apibūdintas), nors LR CK 1.76 str. yra reikalavimas, kad parašas būtų rašytinėje sutartyje. Tai švelniai tariant keista: reikalaujama dalyko, kuris neapibūdinamas.

Parašu šalis pripažįsta, kad tam tikras aktas priklauso jai, jai yra priskirtinas, tai yra, yra autentiškas jos valios reiškinys. Tam, kad suprastume, apie ką kalbama, tai galima palyginti su konkliudentiniu veiksmu; šalis, pavyzdžiui, gali ofertą akceptuoti ir konkliudentiniais veiksmais, net tik rašytiniu akceptu (pasirašytinai); pavyzdžiui, priimdama prekes kartu su rašytinės sutarties variantu. Todėl sutartis, nepaisant LR CK 1,76 tariamo reikalavimo, *vis dėlto* gali būti nepasirašyta bet rašytinė.[8] Tai elementari, tarptautiniu mastu pripažinta išvada; todėl Prancūzijos kodeksas parašo nemini, o anglų kalboje tokios sutarties sudarymas vadinamas *paskutinio šūvio* taisykle.[9]

Daug yra nereikalingos painiavos LR civiliniame kodekse dėl parašo. Kaip jau minėta, LR CK neaiškiai reglamentuoja paskutinio šūvio atvejį (rašytinės sutarties, patvirtintos konkliudentinio veiksmo). Jį ignoruoja. Tačiau dar blogiau su CK parašo apibūdinimu. Reikėjo kodekse aiškiai nustatyti, kad parašas yra bet koks rašytinis paženklinimas, kuriuo šalis pripažįsta, kad tam tikras aktas yra priskirtinas jai, arba kitaip sakant, yra autentiškas jos valios reiškinys. Pavyzdžiui, buvo galima nukopijuoti Kvebeko CK 2827 str. *Parašas yra asmens fiksavimas raštu savo vardo arba savo individualaus žymens, kurį paprastai jis naudoja savo intencijai pažymėti.* (angl., „A signature is the affixing by a person, on a writing, of his name or the distinctive mark which he regularly uses to signify his intention;" pranc., *„La signature consiste dans l'apposition qu'une personne fait à un acte de son nom ou d'une marque qui lui est personnelle et qu'elle utilise de façon courante, pour manifester son consentement.*") Esant tokiai formuluotei, viskas daug aiškiau, o su elektroniniais laiškais nebūtų primakaluota.

Primakaluota yra CK 173 str. 2 d., kuriuo reikalaujama, kad elektroninės formos raštai būtų tokios formos, kad būtų „užtikrinta teksto apsauga" (kas tai? – paprastame fakse ar

---

[8] Kvebeko civilinio kodekso 2835 str. „Asmuo, siekiantis panaudoti nepasirašytu raštu turi įrodyti, kad tą raštą yra sukūręs asmuo, kurį jis laiko rašto autoriumi". (Angl., „A person who invokes an unsigned writing shall prove that it originates from the person whom he claims to be its author.") LexUM's Annoted Civil Code of Québec, esantis http:// ccq.lexum.umontreal.ca/ccq/home.do?lang=en (*įvesti* 2835").

[9] CHRISTIAN LARROUMET, DROIT CIVIL: LES OBLIGATIONS LE CONTRAT (5th ed., Economica 2003). (Paprastas (ne elektroninis) parašas iš viso šio teisės profesoriaus 1000 puslapių knygoje neminimas.)

telegramoje nėra tokio dalyko, nei, teisybę pasakius, paprastame laiške, juo labiau ne el. laiške ...) ir, dar blogiau, ten pat nurodoma, kad turi būti „galima identifikuoti parašą." Tai sudaro įspūdį, kad parašas privalo būti ranka atžymėtas, kad negali būti paprastos raidės, kaip antai telegramoje arba el. laiške.

Dėl elektroninių laiškų ir parašų: svarbu įsidėmėti, kad net ir 1964 m. sovietinis Lietuvos „tsr" kodeksas pripažindavo galimybę sudaryti – ir todėl neišvengiamai pasirašyti – sutartį ne tik faksu, bet ir telegrama. Reiškia, paprastas elektroninis paštas (angl., *email;* žargone, *emeilas*), todėl, kad identifikuoja autorių, turi būti laikomas esantis pasirašytu.[10] Reikia suprasti, kad parašu asmuo parodo, kad tam jis (ji) emitavo tam tikrą raštą kaip savo valios reiškinį; kiekvienas paprastas el. paštu siųstas laiškas tai padaro; siuntėjas akivaizdus. Sutarties pasirašymo klausimu, prisimintina, kad tam, kad būtų laikoma, kad sutartis yra pasirašyta, nėra būtina, kad asmuo suprastų, kad būtent sudaro *sutartį:* svarbu tik, kad jis priimtų siūlomas sąlygas.

(Serijos pabaiga.)

---

[10] Int'l Casings Group, Inc. v. Premium Standard Farms, Inc., 358 F. Supp. 2d 863 (W.D. Mo. 2005) (*talpinama* http://www.internetlibrary.com/pdf/ International-Casings-Premium-Standard-WD-Mo.pdf; p. 18).

Juridiniai aktai, juridiniai faktai

Apskaitos, audito ir mokesčių aktualijos
2006 m. lapkričio 3 d.

SAKOMA, kad juridinio akto kaip sąvoka (kaip kūrinys) yra kontinentinės teisės pažiba. Tačiau Rytų Europoje dar vis juntamas sovietinės teisės palikimas, o sovietinėje teisėje buvo siekiama sumažinti juridinio akto svarbą, sureikšminant juridinio fakto vaidmenį. Siekiant suprasti skirtumą tarp juridinių aktų ir faktų, iš pradžių svarbu suvokti, kad juridiniai aktai, sandoriai, tėvonija, ir kitos pagrindinės civilinės teisės sąvokos buvo sukurtos siekiant paaiškinti civilinės teisės taisykles bei sukurti joms teorinį pagrindimą. Ne visi teoretikai sutinka dėl plonybių. Kai kurios teorijos skiriasi net dėl esminių dalykų (kaip antai, sovietinė teisėje nebuvo ir negalėjo būti tėvonijos sąvoka). Svarbu suprasti pagrindinius dalykus, kad būtų galima geriau susiorientuoti.

Visų pirma, teisės normos yra pagrįstos prievarta. Jeigu sutartis yra sudaryta, šalis, turinti teisę reikalauti prievolės įvykdymo, gali kreiptis į teismą priversti, kad prievolė būtų vykdoma arba prisiteisti nuostolius. Teismo sprendimą vykdys antstolis. Prievarta yra negražus dalykas: svarbu visuomenei, kad ji būtų pagrįsta. Sutarčių atžvilgiu, prievartos galimybę, kartu ir sutarčių svarbą, galima pagrįsti *juridinio akto* ir *tėvonijos* sąvokomis.

Civilinėje teisėje individo valia yra svarbiausias elementas, sukuriantis teisines (tai yra prievartines) pasekmes. Šalis turi teisę išreikšti savo valią kurti (ar panaikinti, bet tam tikra prasme tai reiškia tą patį kaip kurti ar keisti) teisines pasekmes. Jis išreiškia tą valią tam tikra objektyviai apčiuopiama, apčiuopiama ar juntama forma, kaip antai raštu, žodžiu ar kita komunikacija. Tai, bendrai paėmus, vadinama „vienašaliu juridiniu aktu." Vienašalis juridinis aktas yra išimtinai vienos šalies aktas, ir todėl sutartinių pasekmių negali būti. (Gali kilti deliktinė atsakomybė, nes deliktinė atsakomybė gali kilti iš bet kokio akto, esant tam tikroms sąlygoms.) Kai kurie mokslininkai laiko vienašalius juridinius aktus paprastais faktais, net ne juridiniais faktais.[11]

(Tiesa, žiūrint giliau, vienašalis juridinis aktas nėra vien faktas - jis suteikia vad. galią (angl., *power*) arba kitą Hohfeld'inę pagrindinę teisinę sąvoką.[12])

Kita šalis išreiškia savo sutikimą „dalyvauti" sandoryje taip pat vienašaliu juridiniu aktu. Kaip nebūtų keista, kai šie du vienašaliai juridiniai aktai susiduria, jie tampa dvišaliu juridiniu aktu: sandoriu (angliškai ir prancūziškai: *(la) convention*). Visi sandoriai yra dvišaliai (ar daugiašaliai) juridiniai aktai. Jose dalyvauja bent dvi šalys. Sandoriai pasižymi suderinta šalių valia.

Nors atsižvelgiant į šiuolaikinę tendenciją kodeksuose siekiama nevartoti sąvokos, „sandorius," vartojant tik „juridinio akto" terminą, LR CK yra atvirkščiai. Iš tiesų, kai kur LR CK „sandorius" yra vartojamas kai iš tikrųjų kalbama apie grynai

---

[11] 2-A JEAN PINEAU, OBLIGATIONS, REFORM OF THE CIVIL CODE (Susan Altschul vert., Barreau de Québec 1993).

[12] Wesley N. Hohfeld, *Fundamental Legal Conceptions As Applied In Judicial Reasoning (1917)*, 26 YALE LAW JOURNAL 710 (1917).

vienašalį juridinį aktą: grynai vienašalis juridinis aktas negali būti sandoriu vien pasikliaunant lingvistiniu argumentu: *„san"* suponuoja, kad du ar daugiau dalykai susilieja į vieną. Klasikinis pavyzdys - testamentas.[13] (Testamentas tampa dvišaliu tik kai yra palikuonio priimtas. Tiksliai tariant, tai jau nebe testamentas ...)

Tačiau, LR CK 1.63 str. 3 d. teigiama kitaip: *Vienašaliu laikomas sandoris, kuriam sudaryti būtina ir pakanka vienos šalies valios.* Nelabai galima pateisinti tokio teiginio. Tai apgailėtina klaida, kažkoks nesupratimas, kažkoks užsilikęs sovietinės teorijos padarinys.[14]

Sutartys yra tam tikra sandorių rūšis, ko gero dažniausiai pasitaikanti, skaitlingiausia. Visos sutartys yra sandoriai. Ne visi sandoriai yra sutartys. Su terminologija yra susijusi tam tikra loginė problema: nėra termino, kuris apimtų „visus sandorius, išskyrus sutartis."[15] Sutartys yra vienašalės ar dvišalės. Vienašalė sutartis yra dvišalis juridinis aktas, kuriame viena šalis turi prievolę. Dvišalė sutartis yra dvišalis juridinis aktas, kuriame abi šalys turi prievoles. Dvišalis juridinis aktas, kaip jau minėta, yra sandorius (*pace* LR CK).

Ganėtinai svarbu turėti galvoje, kad anglo-saksų teisėje (kuri nėra tokia jau svetima, kaip daugelis galvoja), vienašalės ir daugiašalės sutartys reiškia ką nors kitą, negu tai, kas paaiškinta pirmiau. Anglų kalba yra labai paplitusi, todėl ypatingai svarbu yra įsidėmėti šį skirtumą.

Anglo-saksų teisėje, todėl, kad visose sutartyse abi šalys turi prievoles, *dvišalė* yra tokia sutartis, kurioje abi šalys yra

---

[13] GERARD CORNU [prof. emeritus, Univ. Paris II], LINGUISTIC JURIDIQUE 200 (Domat Droit Prive, Montchristien, 2d ed. 2000).
[14] TADAS KLIMAS, COMPARATIVE CONTRACT LAW sk. 1 (Carolina Academic Press 2006).
[15] BARRY NICHOLAS, THE FRENCH LAW OF CONTRACT 38 (Oxford, Clarenden Press, 2d ed. 1992).

padarę pažadą; palyginimui, anglo-saksų teisėje vienašalė sutartis yra ta, kurią galima sudaryti tik vienai šaliai atliekant savo prievolę. Tokioje sutartyje yra tik vienas pažadas. Pavyzdžiui, „Sumokėsiu 1000 litų. tam, kuris suras mano šunį." Akceptuoti tokį siūlymą galima tik veiksmu, prievolės įvykdymu (šuns suradimu). Akivaizdu, kad sutarties sudarymo metu būtų tik vienas pažadas. Galima pastebėti, kad anglo-saksų sutarčių teisės teorija nepagrįsta juridinio akto sąvoka iš dalies todėl, kad tradiciškai turto perleidimai (pirkimai-pardavimai; angl., *conveyance*) nelaikomi sutartimis.

Sandoriais yra pakeičiama asmens tėvonija. Kiekvienas žmogus gimsta su tam tikra teisių ir turto kompleksu, kuris vadinamas tėvonija (angliškai: *patrimony*, prancūziškai: *le patrimoine*). Tėvonijos lemtis yra keistis. Tėvonija yra keičiama dvišaliais juridiniais aktais (sandoriais) ir juridiniais faktais. (Sovietinėje teorijoje buvo apie tėvonija nekalbama, siekiant sumenkinti individo reikšmę ir vaidmenį.) Apie juridinius aktus jau kalbėjome pirmiau.

Juridiniai faktai yra įvykiai, kurie keičia tėvoniją tačiau jie nebuvo sukurti suderinta šalių valia. Kaip antai, jeigu gimsta vaikas, vaiko tėvų tėvonijos yra pakeistos—jie turi pareigą auginti ir rūpintis vaiku. Kartais juridinis faktas turi ir valios elementų, kaip antai: parašęs straipsnį autorius įgyja tam tikras intelektines teises. Asmuo valingai rašė straipsnį, tačiau įgijo teises nesuderintos šalių valios pasėkoje; todėl tokie veiksmai kartais vadinami juridiniais poelgiais. Juridiniai poelgiai yra juridinių faktų rūšis.

Kartais Rytų Europos teismai ir šiais laikais pavadina sutartį juridiniu faktu. Pagal standartinę vakarietišką kontinentinės teisės doktriną, kurią pristatau šiame straipsnyje, tai yra neteisinga. Tačiau yra įmanoma sukurti sutarčių teisės paaiškinimą, kurioje juridiniai aktai nėra atskiriami nuo juridinių faktų. Tos teorijos neaiškinsiu—ji vis dėlto yra tam tikra atgyvena ir, beje, panaši į sovietinės teisės teoriją, kurią iš esmės naudinga giliau suprasti tik specialistui.

Reikia pabrėžti, kad praktiškai visa tai, apie ką rašau, yra teorija; tai yra, apie pavyzdžiui tėvoniją tik retai surasite kodekse (nei LR CK, nei Rusijos kodeksas nemini tėvonijos, tačiau Kvebeko kodekse šis institutas ne tik yra, bet yra kertinė dalis, kadangi Kvebekas laiko, kad žmogus yra dėmesio centre ir veikia per savo tėvoniją: Quebec CC § 2).

Tūkstančiai puslapių buvo prirašyta apie šias teorijas, jų plonybes, siekiant paaiškinti kaip sistemą veikia, ją suprasti, geriau spręsti kylančias problemas. Dažnokai teisės mokyklose visa tai yra per daug sureikšminama, nes yra gan lengva dėstytojui apie tai filosofuoti, skaityti diktantą, aptarinėti tas plonybes, o realiai reikėtų daugiau laiko ir energijos skirti teisės taisyklių taikymo problematikai, tačiau tai sunkiau padaryti. Juridinių aktų ir faktų sąvokomis siekiama paaiškinti teisės taisykles, net įvertinti esamas, nustatyti gaires taisyklių taikymui. Jokia teorija ar jos variantas visko nepaaiškina tobulai.

Kyla klausimas, kaip gali mokesčių administratorius per-kvalifikuoti sandorius? Toks perkvalifikavimas gali daug nulemti. Pavyzdžiui, jeigu autorinės sutartys perkvalifikuojamos į darbo sutartis, akivaizdu, kad įmonei teks gerokai primokėti Tačiau asmuo (pilietis, gyventojas, įmonė) nebūtinai turi sutikti su tuo, kaip kiti asmenys kvalifikuoja jo sandorį ar aktą. Taip pat ir mokesčių administratorius, tikrindamas įmonę, turi teisę nesutikti su šalies (įmonės) tam tikro sandorio kvalifikavimu. Įmonė, kuri prieštarauja tokiam perkvalifikavimui visuomet iš esmės turi teisę apskųsti mokesčio administratoriaus veiksmus (išvadas) teismui. Todėl tiksliai tariant tik teismai kvalifikuoja sutartis.

Juridiniai aktai yra visos civilinės, privatinės, teisės pagrindas. Juridinio akto sąvoka yra laikoma, ko gero pagrįstai, kontinentinės teisės pažiba, jos geriausias kūrinys. Juridinių aktų sąvoką teisingai suprasti yra ypatingai svarbu, nes iš esmės žmogaus svarbiausios teisės yra susijusios su jo turtu, o jis realizuoja tas teises juridiniais aktais.

Oferta ir akceptas

Apskaitos, audito ir mokesčių aktualijos
2011 m. balandžio 26 d., Nr. 16

KAS YRA OFERTA? Kontinentinėje teisėje oferta yra vienašalis juridinis aktas. Pasak žymaus Prancūzijos teisės profesoriaus: *Laikoma, kad nėra ofertos, nebent oferentas yra tiksliai savo siūlyme pateikęs visus esminius elementus, kurie yra būtini sutarties sudarymui.*[16]

Pratęsiant mintį, esant ofertai, reikia tik akcepto, kad sutartis būtų sudaryta. Akceptas taip pat yra vienašalis juridinis aktas. Kai vienašalis juridinis aktas „oferta" susiduria su vienašaliu juridiniu aktu „akceptu", jie susilieja ir virsta į vieną dvišalį juridinį aktą – sandorį. Dvišalius juridinius aktus vadiname sandoriais.

(Vienašalio sandorio nėra ir negali būti; vienašalė sutartis, vis dėlto, yra dvišalis juridinis aktas. CK 1.63 str. nesąmoningai teigiama, kad gali būti vienašalis sandoris. Tokie dalykai daro gėdą. Net ir žodžio „sandoris" vartojimas yra atgyvena: naujuose kodeksuose vartojama tik „juridinis aktas.").

---

[16] LARROUMET, *supra* išn. 9, § 246.

Ypatingai kontinentinėje teisėje pabrėžiama, kad sutartis yra šalių suderintos valios išraiška. Laikoma, kad būtent šis bruožas skiria sutarčių teisę nuo delikto; jei vairuotojas dėl savo neatsargumo partrenkia pėstįjį, jis yra padaręs pėsčiajam žalą ir teks kompensuoti sumokant nuostolius. Susitarimas delikte neturi vaidmens.

Tačiau tiek Prancūzijoje, tiek JAV neužtenka vien šalių sutikimo (aiškaus ar numanomo) sutartinėms prievolėms prisiimti tam, kad sutartis būtų laikoma galiojančia: tiek prancūzai, tiek amerikiečiai reikalauja kur kas daugiau – prancūzai, kad būtų susitarta dėl sutarties tikslo ir objekto, amerikiečiai, o taip pat ir anglai – kad susitarimas apimtų abipusę naudą (vad. „consideration") ir, kad dėl tos naudos būtų buvę derėtasi.[17]

Todėl svarbiausia ofertos ir akcepto funkcija yra ne tiek nustatyti, ar yra sutartis, bet nustatyti kada sutartis sudaryta.[18] Šis klausimas dažniausiai kyla tada, kai norima nustatyti, ar ofertą pateikusi šalis gali panaikinti savo ofertą arba neigia sutarties sudarymo faktą; klausimas taip pat apima kai kuriuos klausimus dėl sutarties turinio. Tokiu atveju ofertos-akcepto analizė gali padėti nuspręsti, kurios šalių komunikacijos laikytinos sutarties dalimi. Skirtumas tarp kontinentinės teisės ir amerikiečių-anglų šiuo klausimu yra tai, kad prancūzams sutartis visuomet sudaroma (bent jau taip aiškina) esant ofertai ir akceptui.[19]

Anglo-saksai atviresni: jie pripažįsta tikrovę, kad daugelis sutarčių sudaroma be ofertos ir akcepto. Matyt, ši

---

[17] *Tačiau žr.* PECL § 2:201; t.p. UNIDROIT tarpt. sut. principų § 3.2. (Teisybę pasakius, Europos sutarčių teisės principai (PECL) siūlo būtent tokią tvarką: tam, kad sutartis būtų laikoma galiojančia visais atvejais, ji laikoma galiojančia, jeigu, ją sudarant, šalys pageidavo, kad ji galiotų.)

[18] Val D. Ricks, *Assent Is Not An Element Of Contract Formation*, 61 KANSAS LAW REVIEW 591 (2013).

[19] LARROUMET, *supra* išn. 9, § 235.

logika yra padariusi įtaką ir Europos sutarčių teisės principų (PECL) autoriams, kurie ją įkomponavo į savo kodeksą:

PECL 2:221 str. Sutartys sudarytos ne oferta ir akceptu. Šio skirsnio taisyklės (apie sudarymą) su atitinkamomis adaptacijomis taikomos, net jeigu sutarties sudarymo procesas negali būti paaiškinamas oferta ir akceptu. (Angl., *„The rules in this section apply with appropriate adaptations even though the process of conclusion of a contract cannot be analysed into offer and acceptance."*)

Kokios yra sutartys, kurios sudaromos kitaip nei oferta ir akceptu? Du klasikiniai pavyzdžiai:

Šalys sutinka būti saistomos sutarties sąlygų, kurios siūlomos trečiosios nepriklausomos šalies.

Dvi šalys dalyvauja derybose. Nei viena, nei kita nėra visiškai patenkinta siūlomais variantais. Šalys sutinka, kad sutartis įsigalios po tam tikro laiko, nebent viena ar kita šalis iki to laiko tam prieštarautų.

Kitas dažniau pasitaikantis atvejis yra tas, kuris susijęs su stambiomis (t.y. ilgomis, komplikuotomis) sutartimis tarp didelių įmonių. Šiais atvejais ofertos-akcepto analizę komplikuoja faktas, kad tokios sutartys dažniausiai pasirašomos abiejų šalių vienu metu vad. sutarties „uždarymo" (angl., *closing*) ceremonijoje.[20]

Kitais atvejais, ir ganėtinai dažnai, yra aišku, kad sutartis sudaryta (todėl, kad ji iš dalies įvykdyta), tačiau neaišku, kokios jos sąlygos, kadangi ginčijama, kurios šalių komunikacijos sudaro („įeina į") sutartį. *Filanto v. Chilewich* (1992) yra gerai žinoma tarptautinė byla (batų eksportas į Rusiją), kurios esminis klausimas yra toks: kurios šalių komunikacijos laikomos

---

[20] E. ALAN FARNSWORTH, CONTRACTS § 3.5 (3rd ed., Aspen Law & Business 1999).

sutarties turiniu[21]. Išanalizuoti šią sutartį tradiciniu ofertos-akcepto modeliu sunkoka ir teismas to net nesistengia padaryti.

Bet ko gero galvojate, kad kalbama tik apie užsienį, kadangi Lietuvoje įmonė sudaro sutartį tik administracijos vadovo parašu ir antspaudu. Reiškia, sakote, visa tai yra arba tik teorija arba užsienietiškas prasimanymas.

Nieko panašaus.

Kaip esu ne kartą rašęs, kad nėra jokios taisyklės, kad sutartys galioja įmonėms, tik jas užantspaudavus įmonės antspaudu ir jas pasirašius. Net sovietiniame kodekse nebuvo tokių reikalavimų. Taigi tai nėra argumentas.

Ir ne tik administracijos vadovas gali pasirašyti sutartį. Tiksliai kas „turi parašo teisę" (nors tai ne teisė, o galia) nepatenka į šiame straipsnyje gvildenamos temos ribas. Tačiau akivaizdu, kad vien konkliudentiniais veiksmais taip pat galima sudaryti sutartį.[22] Jeigu taip, ir yra būtent taip, reiškia, kad ir antras argumentas prapuola.

O tai reiškia, kad sutartis tarp įmonių (ir individų) galima sudaryti kitaip nei vien su administracijos vadovo parašu ir įmonės antspaudu.

Sutartis sudaryta tada, kai susitarta dėl esminių elementų. Didžioji dauguma sutarčių versle, taip pat gali būti žodinės (ir nėra taip jau sunku jas įrodyti). Tačiau šiame straipsnyje galima apsiriboti vien tik rašytinėmis sutartimis.

---

[21] United States 14 April 1992 Federal District Court [New York] (*Filanto v. Chilewich*), http://cisgw3.law.pace.edu/cases/920414u1.html. (Šitoje byloje Italijos batų gamykla padavė JAV užsakovus į teismą. Klausimas sukosi apie tai, ar italai akceptu priėmė JAV įmonės ofertos dalį, kuri nuoroda siekė inkorporuoti JAV įmonės sutartį su rusais importuotojais (angl., *whether the contract clause with the Russians was incorporated by reference or not*). Jeigu taip, tai italai pralaimi.)

[22] LR Civilinis kodeksas 1.71 str.

Reikia įsidėmėti, kad el. paštas – yra raštas. Ar pasirašytas? Apie tai esu rašęs plačiau, tačiau trumpai tariant, taip. Praktiškai visos el. paštu rašytos komunikacijos yra pasirašytos. Parašas yra asmens identifikacija (nurodymas, aiškinimas) aplinkybės, kad raštas yra (būtent) jo. Net ir sovietinis CK numatė galimybę sudaryti sutartį telegrafu ... tai, manau, nemenkas įrodymas, kad, nors *idée fixe* yra kita, teisės taisyklės rodo ką kitą. Beje, jums tai, kas išsakyta šioje pastraipoje dėl el. pašto ir parašo, gali būti naujiena. Užsieniui nėra.[23]

Galima pakeisti bendrą taisyklę – galima įvesti antspaudo būtinybę. Yra būdas nustatyti, kad tik esant tam tikrai sąlygai, (tiksliau, įvykiui) nebus laikoma, kad yra sudaryta sutartis iš „eilinio" arba „darbinio" jūsų susirašinėjimo.

Visos vakarietiškos teisinės sistemos pripažįsta, kad šalis gali nustatyti savo sutikimui sąlygas. Pavyzdžiui, galima sąlygoti savo sutikimą formalios sutarties pasirašymu ir užantspaudavimu įmonės antspaudais. Galima (patartina!) sutikimą sąlygoti įmonės advokato pritarimu.

Kaip tai padaroma? Informuojant kitą šalį. Paprasčiausiai ją informuojant. (Tiesa, informavimas gali būti numanomas, tačiau toliau šiame straipsnyje toks atvejis nebus nagrinėjamas.)

Kodėl tai veikia? Na, šiaip, jeigu esu pareiškęs, kad mano raštais negalima pasikliauti, tai ... negalima pasikliauti, kadangi kita šalis negali objektyviai ir racionaliai manyti, kad esu padaręs ofertą ar akceptą. Reiškia, nesu padaręs nei ofertos, nei akcepto ir dėl to sutartis nėra sudaryta.

LR Civilinis kodeksas, kuriuo reglamentuojama tokia situacija, kaip ir daugelyje kitų situacijų, yra „toli nuvažiavęs." Anot CK autorių, papildomi reikalavimai sutarties sudarymui (kaip antai, antspaudas arba advokato „viza", (LR CK 1.73 str. 3

---

[23] *Toles. info.* Int'l Casings Group, *supra* išn. 10 (nauja ir instruktyvi byla).

d.)) nustatomi šalių susitarimu. Tai akivaizdi klaida: šalis negali kitą šalį įgalinti sakyti: „aš nesutinku, kad tu nesutinki". Arba dar paprasčiau: šalis pati yra savo valios valdovė; jeigu ji sako, kad laikys, kad sutartis sudaryta tik ją užantspaudavus, nėra įmanoma, kad kita šalis sakytų, „nesutinku", ir negalėtų laikyti, kad buvo sudaryta sutartis nesant kitos šalies papildomam rekvizitui (todėl, kad objektyviai vertinant, vienos šalies vienašalio juridinio akto (ofertos ar akcepto) nėra buvę).

Tačiau, reikia laikytis savo paties nustatytos sąlygos (pasak CK, „papildomo reikalavimo"; tiksliau būtų vadinti rekvizito: reikalavimas susietas su prievole ir vargiai ar galima sau nustatyti reikalavimą). Jeigu įmonė nustato savo sutikimui papildomą rekvizitą (sąlygą), tada ją ignoruoja, yra laikoma, kad ji jos atsisakė.

Tai atsitiko santykiuose tarp vieno iš pasaulio didžiausių alaus daryklų (priklausiančios belgams) ir JAV beisbolo asociacijos. Vyko ilgos derybos; ilgainiui šalys pasirašė dokumentą, kuris išreiškė jų susitarimą iš principo dėl sutarties, vertos daugiau nei milijardą JAV dolerių, tačiau taip pat buvo nustatyta, kad tai dar šalių nesaisto, ir, kad yra laikoma, kad sutartis bus sudaroma tik vėliau. Tačiau beisbolo asociacija net sveikino kitą šalį su (neva tai) sudaryta sutartimi ir taip elgėsi, lyg tai jau viskas atlikta, o paskiau pakeitė melodiją ir teigė, kad sutarties nėra (todėl, kad gavo dar geresnį pasiūlymą). Nors šalys ilgainiui susitarė bylą nutraukti, principas yra aiškus, kad jeigu sakai, kad nebūsi susaistytas, tada sakai, kad esi susaistytas, tada ir esi.[24]

Šį principą taip pat iliustruoja visai neseniai Anglijos apeliacinio teismo priimtas sprendimas, kuriuo pripažįstama, kad

---

[24] Emmett Jones, Sports Bus. Digest: *MLB, Anheuser-Busch settle dispute, agree on sponsorship deal* (Jan. 4, 2011); *Anheuser-Busch Inc v. Major League Baseball Properties, Inc.*, U.S. District Court, So. District of New York, No. 10-08513 (2011).

galioja pirkimo sutartis, kilusi iš akcininkų susitarimo, nors šalys pačios sutarties projekto niekados nepasirašė. *Grant v. Bragg* (2009) byloje šalys siuntė viena kitai (rašytinės) sutarties projektus[25]. Nesant kitų faktų, tokiu atveju daroma prielaidą, kad šalys ketina sudaryti formalią rašytinę sutartį (t.y., yra nustatytas papildomas reikalavimas/rekvizitas). Reiškia, kad, paprastai jų komunikacijos, kuriomis siunčiami sutarties projektai, nebus laikomos nei ofertomis, nei akceptais.

Tačiau nagrinėjamu atveju ilgainiui ponas Grant parašė ponui Bragg atskirą ir nedviprasmišką siūlymą, t.y., ofertą, o Bragg atrašė, kad sutinka. Teismas nustatė, kad nuo to momento sutartis buvo sudaryta, nors formali sutartis ir liko nepasirašyta (papildomas reikalavimas/rekvizitas neįvykdytas).

Verta žinoti, ypač turint reikalų su Anglijos kontrahentais, kad toje šalyje yra tam tikra žodinė formuluotė, kuri praktiškai užtikrina, kad nebus laikoma, kad sutartis sudaryta be formalios rašytinės sutarties: *subject to contract*. Kitose šalyse tikslaus analogo nėra.

Kitas itin dažnas atvejis yra tas, kai šalys apsikeitinėja sutarties projektu; tai viena šalis kažką pakeičia, tai kita dar kažką. Kaip jau sakyta, tokiu atveju laikytina, kad šalys ketina būti saistomos, tik esant formaliai sutarčiai su parašais ir net, jeigu sutartis tai numato, antspaudais. Tačiau labai dažnai būna, kad, dar šiame apsikeitimo procese šalys pradeda sutartį vykdyti (ir vykdymą priimti).

Kokios pasekmės?

Sukonkretinsime. Vykdytojas sukuria kompiuterinę programą, ją nusiunčia užsakovui, šis programą naudoja. Tą

---

[25] 2009 EWHC 74 (Ch) [UK] (*toles. info.*, DWF LLP, Suzy Scuffam, *Even if your Contract is not Signed, It May be Binding* http://www.dwf.co.uk/news/xprNewsDetail.aspx?xpST=NewsDetail&news=413 (2009).

pačia dieną (ar kelias dienas anksčiau) Vykdytojas nusiunčia ir vėliausią rašytinės sutarties redakciją.

Keli klausimai jums.

Ar yra sutartis? Tai yra, ar sutartis sudaryta? Ar gali užsakovas sakyti, kad nesusitarta todėl, kad jis sutarties vėliausios redakcijos nepasirašė?

Todėl, kad užsakovas priėmė sutarties vykdymą, laikoma, kad jis konkliudentiniais veiksmais išreiškė savo sutikimą būti saistomas vėliausiu sutarties projektu. Ši situacija vadinama *(angl.) last shot rule* – paskutinio šūvio taisyklė. Paskutinis šūvis laimi.

Kodėl? Laikoma, kad užsakovas konkliudentiniais veiksmais atsisakė savo anksčiau pateikto papildomo reikalavimo ir kartu akceptavo ofertą. Juk jis priėmė sutarties vykdymą be protesto. Nereikėjo priimti, nereikėjo naudoti.

Kitas problematiškas momentas su oferta ir akceptu yra su sutarties sudarymu susijęs keitimasis komunikacijomis. Būdavo, kad laiškai, siunčiami paštu, užtrukdavo kelias dienas, kol jie pasiekdavo adresatą. Įvairios valstybės įvairiai atsakydavo į klausimą, ar gali ar negali oferentas panaikinti savo ofertą, esant išsiųstam, bet dar negautam akceptui. Lietuva dabar yra JAV ir Prancūzijos pusėje; kitoje barikados pusėje yra Bulgarija ir Kanados Kvebekas.

Kita dažna problema yra tariamas (angl., purported) akceptas su išlygomis. Bendra taisyklė yra tokia: akceptas visiškai turi atspindėti ofertą (veidrodinio atspindžio taisyklė; angl., *mirror image rule*). Jeigu esminė sąlyga keičiama, laikoma, kad tariamas akceptas nėra akceptas, o naujoji oferta. Ši naujoji oferta taip pat vadinama kontra-oferta.

Tačiau, jeigu akceptu nustatoma papildoma nesvarbi sąlyga arba daromas esmės nekeičiantis pakeitimas, moderniuose kodeksuose, t.p. Lietuvoje, laikoma, kad sutartis sudaryta. Tačiau tai jau ganėtinai aukšta teisinė matematika, kurią suprasti praktiškai gali tik specialistai. Lietuvos CK 6.178 str. iš esmės nesiskiria nuo Prekių konvencijos 19 str. ir UNIDROIT taisyklių 2.1.11 str., kurios reglamentuoja šį klausimą.

Kita ofertos-akcepto probleminė vieta yra vad. standartinė formų kolizija. (Didelė tikimybė, kad šios praktikos Lietuvoje dar nėra). Standartinė forma nėra ta, kurią tvirtina valstybė, o forma, kurią įmonė pastoviai naudoja – net ir patvirtindama akceptą! Matote, įmonių advokatai kai kuriose verslo srityse sudaro sistemą, pagal kurią sutartis sudaroma užsakymo būdu. Pateikianti užsakymą šalis naudoja formą. Gaunanti užsakymą šalis išreiškia savo sutikimą (akceptuoja) taip pat naudodama formą. Abi šalys bando kontroliuoti situaciją; formos nesiderina.

Jeigu tokiu atveju akceptantas įvykdo sutartį ir užsakovas priima vykdymą, tai, kad sutartis sudaryta, yra akivaizdu. Bet kokiomis sąlygomis? Pagal tas nustatytas užsakovo formoje arba pagal tas, esančias akceptanto? Jeigu nebūtų specialios taisyklės, laimėtų akceptantas. Tai „paskutinio šūvio taisyklė," kurią esu jau aptaręs šiame straipsnyje.

Tačiau, laikoma, kad tokiais atvejais nebūtų teisinga taikyti „paskutinio šūvio" taisyklę, todėl, kad iš vis nebuvo derėtasi. Vyko tik aklas formų apsikeitimas. Todėl yra speciali taisyklė. Lietuviškame kodekse nustatyta taisyklė yra ta pati, kaip ir PECL: sutartis laikoma sudaryta pagal tas sąlygas, kurios sutampa. Ši taisyklė vadinama nokauto taisykle (angl., *knockout rule*) – nesutampančios sąlygos yra išmetamos iš žaidimo.

Toliau: dėl pačių ofertos ir akcepto terminų vartojimo: čia kyla klausimas, kodėl vietoje lietuviškų ekvivalentų (pasiūlymas ir sutikimas ar pan.) buvo imta vartoti šiuos svetimžodžius – oferta ir akceptas (angl., *offer* ir *acceptance*, pranc., *l'offre* ir *l'acceptation*). Sovietiniame (1964 m.) Lietuvos civiliniame kodekse oferta ir akceptas nėra minimi (žr. CK 168 str.).

Ši terminologija įžengė į Lietuvos įstatymus kartu su ganėtinai kurioziniu 1995 m. Prekybos įstatymu. Spėjamai, jis buvo nukopijuotas iš kažkokio sovietinės teisės vadovėlio, arba atėjo iš Rusijos 1995 m. įsigaliojusio CK 434 str. Minimas LR Prekybos įstatymas buvo mažai žinomas ir laikui bėgant primirštas, ką patvirtina faktas, kad jo galiojimas panaikintas specialiu įstatymu tik kelis mėnesius po naujojo Civilinio kodekso įsigaliojimo.

Dėl ofertos ir akcepto teisės mokyklose ir fakultetuose: visame pasaulyje dėstytojai tradiciškai pradėdavo dėstymą apie sutartis nuo ofertos ir akcepto; kitaip sakant, nuo sutarties formavimo. Tai ganėtinai logiška. Tačiau JAV prieš keturiasdešimt metų viskas pasikeitė dėl vieno garsaus profesoriaus, kuris savo įtakingame moksliniame vadovėlyje pradėjo nuo nuostolių, kadangi tai išryškina esminį skirtumą tarp sutarčių ir deliktinės teisės. Kontinentinėse teisės mokyklose šis skirtumas neišryškintas.

Taigi, susumuojant, matyti, kad oferta ir akceptas yra sąvokos, padedančios nagrinėti sutarties formavimo klausimą. Tačiau, kaip nebūtų keista, nei oferta, nei akceptas nėra sutarties elementai; kitaip sakant, nėra būtina, kad sutartyje, jos formavime, jie egzistuotų. Šios sąvokos atėjo į Lietuvos teisę, bent jau į įstatymus, visai neseniai. Kiekvienas Lietuvos buhalteris ir vadybininkas turėtų turėti bent bendrą jų supratimą ir su tokia paskata šis straipsnis ir buvo parašytas.

Konfidencialumo sutartys

Apskaitos, audito ir mokesčių aktualijos
2012-08-27 Nr. 32 (704)

VISI TURIME savų įpročių. Įpročiai padeda mums gyventi, nes nereikia kiekvieną kartą viską iš naujo permąstyti. Deja, yra ir blogų įpročių. Mačiau nemažai blogų įpročių, susijusių su konfidencialumo sutartimis. Kai sakau „blogų", turiu omenyje ypatingai pavojingų: gal net ir kvailų.

Konfidencialumo sutartis nėra preliminarinė sutartis: nėra būtinumo jos sudaryti. Palyginti galima su nekilnojamo turto pardavimo sutartimi, kurią šalys neišvengiamai sudaro, kadangi pati pardavimo sutartis privalo būti sudaroma pas notarą.

(Tiesa, pagal dabartinį CK žodinė preliminarinė sutartis formaliai žiūrint negalioja. Tačiau šalys neišvengiamai sudaro preliminarinę sutartį, net jeigu nesudaro jos rašytine forma. Šalys puikiai žino sąlygas eidamos pas notarą net jeigu nėra sudariusios rašytinės preliminarinės sutarties.)

Konfidencialumo sutartis taip pat nėra absoliučiai būtina norint apsaugoti konfidencialią informaciją: Civilinio kodekso atskiru straipsniu (§6.164) numatyta, kad jeigu „viena šalis derybų metu suteikia kitai šaliai konfidencialią informaciją, tai kita šalis ... privalo jos neatskleisti ar nenaudoti savo tikslams neteisėtu būdu nepaisant to, ar sutartis sudaryta, ar ne."

Dar prie to paties galima paminėti, kad nėra būtina sudaryti konfidencialumo sutarties kaip privalomos apeigos norint pradėti derybas. Taip yra todėl, kad dažniausiai ... šalys iš tikrųjų konfidencialios informacijos neturi arba, jei turi, neketina atskleisti. Bet apie tai skaitykite toliau.

Tačiau, nors neginčytinai yra rimtų priežasčių, dėl kurių bent jau esant tam tikroms sąlygomis turėtų būti pasirašoma konfidencialumo sutartis, dažniausiai tai daroma lengvabūdiškai, lyg tai būtų apeiga, kurią liepė atlikti šamanas.

Visų pirma, ponai verslininkai, ar ne dažnai būna, kad pasirašote konfidencialumo sutartį, numatančią baudas, kurių suma neturi sąryšio su galimo užsakymo, dėl kurio ruošiamasi derėtis, verte ir daugelį kartų viršija bet kokį galimą pelną?

Taip būna, deja, su baudomis. Dėl to įtikinančiai pasisakė prof. Eisenberg. Jis aiškino, kad problema su baudomis atsiranda todėl, kad verslininkai, sudarydami sutartį, paprastai žada ją vykdyti ir todėl nekreipia dėmesio į tai, kas atsitiktų, jeigu sutartis nebūtų įvykdyta (kitaip sakant, jis sutinka su baudomis sutartyje lengva ranka).[26] Man atrodo, kad tis reiškinys ypač dažnas tose šalyse, kuriose baudos *in teroram* yra toleruojamos (būtent, „dešimt akių už akį"). Lietuva yra viena iš tų šalių. Brazilija yra kita, tačiau bent jau Brazilijos kodeksas neleidžia, kad būtų bauda, viršijanti sutarties vertę. Lietuvoje nėra analogiško straipsnio.

---

[26] Melvin Aron Eisenberg [teisės prof., U. of California, Berkeley], *Limits of Cognition and Limits of Contract*, 47 STANFORD LAW REVIEW 211, 227-228 (1995).

Taigi, ką reikėtų daryti tokiu atveju? Pirma, kaip esu ne kartą rašęs, reikia vengti baudų. Jeigu negalima jų pašalinti iš sutarties projekto (nes „mums skauda tai ir jums turi skaudėti"), *būtinai reikia nustatyti nuostolių ribą.* Galima būtų naudoti tokią nuostatą: „Visais atvejais, nepaisant bet kurių kitų šioje Sutartyje esančių išlygų, nuostoliai (t.t. ir „iš anksto nustatyti nuostoliai, t.y., baudos) yra ribojami 100 000 Lt (vieno šimto tūkstančių litų) suma."

Kaip nustatyti nuostolių ir baudų ribą? Blogiausiu atveju – sutarties verte. Protingiau yra galvoti apie pelną. Todėl labai dažnai, pavyzdžiui, sutartyse dėl kompiuterinės įrangos kūrimo nuostoliai limituojami tam tikru procentu nuo sutarties vertės; programinę įrangą kuriančios įmonės neturės galimybės pilnai kompensuoti, net jeigu turi draudimą tokiems atvejams.[27]

Pastarasis momentas itin svarbus ir todėl reikėtų jį pabrėžti. Gali taip atsitikti, kad įmonė patirs didžiulius nuostolius dėlto, kad bus paviešinta jos paslaptis. Tačiau įmonė, kuri neteisėtai atskleidė informaciją ir padarė žalą, *nebūtinai turės iš ko kompensuoti* nukentėjusiai šaliai. Tai ypač akivaizdu, kai turinti vertingą paslaptį įmonė yra daug didesnė, negu jos kontrahentė (kuriai buvo atskleista ta vertinga paslaptis). Be to, nors didžiuliai nuostoliai gali būti numatomi ar žinomi, tai nereiškia, kad įmonė, kuriai yra ketinama atskleisti konfidencialią informaciją, turėtų sutikti visiškai kompensuoti patirtą žalą. Taip yra todėl, kad dažnai tokios įmonės teikia paslaugą, kurios sėkmės (kokybės) niekas negali visapusiškai garantuoti.

Todėl baudos (jų sumos) konfidencialumo sutartyje turėtų būti ne *in teroram,* o racionalus bandymas iš anksto nustatyti nuostolių sumą. Taigi, jeigu kita šalis sako, kad „mums reikia nustatyti tokias dideles baudas tam, kad jūs žinotumėte,

---

[27] H. WARD CLASSEN, A PRACTICAL GUIDE TO SOFTWARE LICENSING FOR LICENSEES AND LICENSORS, § 17.2 (American Bar Association, 2d ed. 2007).

kad reikalas rimtas ir nepažeistumėte (bijotumėte pažeisti) savo prievoles," jūs atsakote, „gerai, tačiau mes žadame sutartį vykdyti, mes sutinkame atlyginti nuostolius, bet kaip šita jūsų siūloma suma yra susijusi su galimais nuostoliais? Kaip jūs ją grindžiate?"

Dabar pakalbėsime apie svarbiausią dalyką. Paprastai kai yra prievolė, įsipareigojame dėti arba protingas pastangas ją įvykdyti, arba įsipareigojame ją įvykdyti visais atvejais, nebent yra *force majeure*. Paslaugų sutartyse beveik visad yra pirmasis variantas. Taip turėtų būti ir su konfidencialumo sutartimis. Jūsų įmonė nėra CŽV: garantuoti slaptumą paprastai galėtų tik valstybinės saugumo ar žvalgybos agentūros. Jūs daugmaž ką galite daryti? Įsipareigoti dėti stropias (protingas) pastangas. (Nebent iš tikro kažkam „dirbate").

Šis reikalas susijęs su baudomis. Jeigu sutartyje baudos nenumatytos, šalys šiek tiek labiau apsaugotos: vis dėlto reikėtų įrodyti tikrus nuostolius. Baudų atveju – nereikia. Taip pat, dar yra ir problema, kad bauda yra taikoma už atskleidimą. Tačiau kas yra atskleidimas? Jeigu viena paslaptis atskleista e-paštu 100 žmonių, ar tai 100 atskirų atvejų? Sunku pasakyti.

Todėl paprastai patartina įrašyti, kad yra įsipareigojama (tik) dėti protingas pastangas saugoti informaciją, arba kitaip sakant, apibrėžti savo prievolės *intensyvumą* arba *apimtį* ne rezultatų pasiekimo, o protingų pastangų dėjimo lygiu. „Gavėjas saugo Atskleidėjo atskleistą konfidencialią informaciją, dėdamas visas protingas pastangas, kurios turi atitikti ar viršyti gamybinę ir komercinę praktiką bei standartus, tam, kad atskleista Gavėjui konfidenciali informacija nebūtų atskleista trečiosioms šalims."[28]

Kitas svarbus konfidencialumo sutarties elementas yra konfidencialios informacijos apibrėžtis. Teoretiškai galimas,

---

[28] *Žr.* t.p. LR CK 1.116 str. 1 d.

tačiau Lietuvoje retas (taip pat nepatartinas) atvejis yra tas, kai siūloma apibrėžti konfidencialią informaciją subjektyviai: „konfidenciali informacija yra visa informacija, kurią Atskleidėjas laiko konfidencialia." Objektyviai negalima žinoti, kuri informacija saugotina (ir todėl gavėjas niekada negalės savo prievolės tinkamai atlikti), todėl tokią sutarties nuostatos redakciją visuomet reikia atmesti.

Dažniausiai, šalies verslininkai naudoja sovietinę, mechaniška, *voodoo* formuluotę. Konfidenciali informacija, pasak jų, yra visa informacija, kuri yra identifikuojama kaip konfidenciali ir taip pat pridedamas ilgiausias, nebaigtinis, sąrašas, kuriame pateikiama informacija ir ... apie įmonės darbuotojus, taip pat ir apie administracijos vadovą paslaugų ar prekių kainas bei „informacija apie Bendrovės klientus," „bet kokius Bendrovės ir jos Klientų buhalterinius duomenis" ir t.t.. Žodžiu, siūloma užmegzti mafijinius *omertos* santykius. *(Omerta:* tai sicilietiškos mafijos žodis, reiškiantis *tylos įstatymą)*. Viskas apie įmonę yra paslaptis ir bet koks atskleidimas užsitarnauja *in teroram* baudą.

Tokie reikalavimai yra, visų pirma, nerimti. Būdami nerimti, jie sudaro blogą įvaizdį, t.y. įmonės, kuri nesupranta savų veiksmų. Ar *tikrai* tikimąsi, kad gavėjas imsis žingsnių neatskleisti (neminėti) atskleidėjo darbuotojų pavardžių tretiesiems asmenims? Ar tikrai galvojama, kad *kaina* yra slaptas dalykas? (Pasiskambink ir paklausk, sužinosi). „Bet kokie" duomenys apie buhalteriją?

Gali būti, kad atskleidėjas iš tikrųjų turi tam tikros informacijos, kuri turi vertę todėl, kad ji nežinoma tretiesiems asmenims. Tačiau, jeigu kalbama rimtai, tai norima, kad gavėjas imtųsi veiksmų tos informacijos tretiesiems asmenims neatskleisti. Tai reiškia, kad jam būtina tiksliai žinoti, kuri informacija yra neatskleistina.

Tokia situacija yra susijusi su teisine nuostata, kad, jeigu informacija yra vieša, ji nėra ir negali būti konfidenciali.

Taigi, sutarties nuostata, kuria reikalaujama visus „buhalterinius duomenis" saugoti yra ne tik juokinga, bet kartu ir, ko gero, negalima (todėl, kad neįmanoma). Esant tokiai išlygai, gavėjas privalėtų aiškintis, vis dėlto kuri buhalterinė informacija yra vieša, kuri ne. Jam tai padaryti, ko gero, yra neįmanoma. Taip pat, dar kyla klausimas: kas yra buhalterinė informacija? Reiškia, jis iš tikrųjų sutartinių įsipareigojimų negalės įvykdyti, negalės imtis veiksmų apsaugoti informaciją dėl jos per plačios apibrėžties.

Reikia įsidėmėti, kad konfidencialumo sutarties esmė diktuoja, kad šalis įsipareigotų *imtis protingų priemonių* saugoti informaciją. Tai suponuoja, kad įsipareigojanti šalis žinotų tiksliai kokia ta informacija yra, kad būtent ją galėtų saugoti. „Buhalterinius duomenis" įsipareigoti saugoti yra nerimta.

Apie rimtumą: verslininkai ir kiti dažnokai sunkiai supranta, kad tiek, kiek sutartis yra rimta ir tiek, kiek šalys realiai jos laikosi, įtakoja teismą, teisėjo sprendimą.

Kaip racionaliai suformuluoti konfidencialios informacijos apibrėžtį? Klausimas ne vietoje, ponai verslininkai. Visų pirma, jūs turėtumėte įsidėmėti, kad jūsų įmonė turėtų atskleisti kitai tik tą dalį jūsų turimos konfidencialios informacijos, kuri yra tai kitai įmonei reikalinga ar naudinga derybose dėl galimos sutarties sudarymo (ir vėliau dėl jos vykdymo). Atskleidėjui detalizuoti tokią informaciją neturėtų būti sunku. (Kartais kontrahentą padeda sudrausminti ir jį ugdyti toks sutarties punktas: „Šalis atskleidžia kitai šaliai tik tą konfidencialią informaciją, kuri yra naudinga atsižvelgiant į derybų tikslą").

Taigi, kaip vis dėlto racionaliai suformuluoti konfidencialios informacijos apibrėžtį konfidencialumo sutartyje?

Konservatyvaus pobūdžio tekstas būtų toks: „Konfidenciali informacija yra dokumentai, kurie yra pažymėti „Konfidenciali informacija." Konfidenciali informacija taip pat yra informacija, pateikta žodžiu ar vaizdinėmis priemonėmis, jeigu per trisdešimt dienų ši informacija yra surašoma raštu ir pažymima kaip „Konfidenciali informacija" bei įteikiama gavėjui".

Liberalesnis tekstas dar pridėtų, kad „Nepaisant kitų išlygų, konfidenciali informacija yra taip pat ir ta informacija, kurią Atskeidėjas atskleidžia Gavėjui ir kuri pagal savo pobūdį arba dėl atskleidimo aplinkybių yra akivaizdžiai ir protingai Atskleidėjo laikoma konfidencialia."

Šis antras variantas nėra neapibrėžtas todėl, kad yra taikytinas objektyvus standartas. Jis turėtų būti įtrauktas į sutartį tiktai tada, jeigu būtų planuojama atskleisti daug (tikrai) konfidencialios informacijos, ypatingai tokios, kuri yra žodinė arba vaizdinė.

Esant stropumo arba protingų pastangų pareigai, ir suformulavus prievoles taip, kad jas būtų žmogiškai galima nuvokti ir jas atlikti, yra svarbu, kad gavėjas sugebėtų parodyti, kad iš tiesų ėmėsi protingų ir stropių priemonių informacijai saugoti. Vienas iš tokių priemonių būtų įmonės konfidencialios informacijos saugojimo ir neatskleidimo vidaus tvarkos aprašo sudarymas bei jo laikymasis. Darbuotojams taip pat reikia aiškumo: jie privalo žinoti su kuo apie ką galima kalbėti. Turėtų būti darbo sutartyje ar kitame vad. „lokaliniame" (įmonės) akte numatyta, kad darbuotojas, be leidimo atskleidęs jam patikėtą konfidencialią informaciją *kitam darbuotojui,* yra padaręs darbo tvarkos pažeidimą – ir turėtų už tai būti nubaustas.

Iš kitos pusės žiūrint, svarbu reglamentuoti konfidencialios informacijos tolesnį atskleidimą. Dauguma matytų šalyje naudojamų sutarčių tai bando daryti, tačiau su dideliu trūkumu. Gavėjas (!) turėtų įsipareigoti atskleisti atskleidėjo informaciją tiktai tiems savo (gavėjo) darbuotojams, kuriems būtina tą informaciją žinoti (angl., *need to know*). Arba, jeigu informacija labai jautri, galima tiesiog išvardyti darbuotojus, kurie turi teisę tą informaciją žinoti. Toks sureglamentavimas drausmina darbuotojus, kelia profesionalumo lygį ir mažina galimybę, kad informacija nutekės.

Dar liko vietos pakalbėti apie trukmę. Paprastai, konfidencialumo įsipareigojimų trukmė turėtų apimti tik kelerius metus. Tai yra todėl, kad informacija paprastai sensta ir tampa nebeaktuali. Kam prisiimti (jeigu rimtai) pareigą saugoti kitos šalies pasenusią informaciją? Kartais, tačiau labai retai, informacija turi būti saugoma amžinai. Tokia informacija yra pramoninė paslaptis (angl., *trade secret*), kaip antai „Chanel No. 5" kvepalų arba „Coca-Cola" gėrimo sudėtis. Retsykiais būtina visam laikui saugoti informaciją, gautą asmeninių padėjėjų, apie įžymybes, kurioms dirbama, kadangi tokia informacija gali būti įdomi visuomenei (ir todėl vertinga) „amžinai".

Visais atvejais, reikia neprisidėti prie šamanistinio teisinio režimo karaliavimo. Protingai ir ne „ritualistiškai" reikia žiūrėti ir į šiame straipsnyje aptartą konfidencialumo sutartį. Konfidencialumo sutartis – nėra apeiga. Reikia stengtis, kad joje nebūtų numatyta baudų. Jeigu yra, yra būtina riboti galimą išieškojimą. Reikia apibūdinti gavėjo pareigą taip, kad gavėjas ją galėtų vykdyti: gavėjas ne atskleidėjo draudikas ir negali garantuoti to ar ano, o tikai įsipareigoti dėti stropias pastangas. Konfidenciali informacija turi būti apibrėžta taip, kad ją iš tiesų būtų galima saugoti. Tai, atrodytų, yra tai, ko yra siekiama.

Delspinigiai ir palūkanos

Apskaitos, audito ir mokesčių aktualijos
2006 m. spalio 2 d., pirmadienis, Nr. 37 (421)
Atnaujinta 2015 m.

DELSPINIGIAI yra vienas iš įdomiausių civilinės teisės institutų, nes delspinigių institutas yra sudarytas iš elementų, būdingų tiek nuostoliams, tiek baudoms. Dar galima pridurti, kad delspinigiai užkerta kelią nepagrįstam praturtėjimui. Kitaip sakant, nors delspinigių (ir palūkanų) idėja paprasta ir savita, ji taip pat yra artima arba net tapati kitiems teisiniams institutams.

Geriau suprasti delspinigius (ir palūkanos už pavėluotą mokėjimą), visų pirma reikia delspinigius su nuostoliais ir baudomis.

Nuostoliai. Prievolės iš esmės turi būti vykdomos. Jų neįvykdžius, šalis turi teisę į nuostolius (galima reikalauti įvykdymo natūroje, bet tai kitas klausimas). Nukentėjusioji šalis turi teisę į visišką kompensaciją, t.y. į piniginį ekvivalentą dėl nevykdytos ar netinkamai įvykdytos prievolės; iš esmės, į „pelną", kurį būtų gavusi, jeigu prievolė būtų buvusi tinkamai įvykdyta. Jeigu nuostolių nėra, šalis negali nieko išreikalauti.

(Išskyrus galbūt vykdymą natūroje.) Beje, su tam tikromis išlygomis nuostoliai turi būti įrodyti, o tai nėra visuomet paprasta.

Bauda. Bauda nėra tiesogiai susijusi su nuostoliais. Šalys gali sudarydamos sutartį susitarti, kad bauda yra mokėtina jeigu šalis neįvykdo kažkokį veiksmą ar, įsipareigojusi jo nevykdyti, įvykdo. Baudos iš principo yra mokėtinos neatsižvelgiant į tai, ar atsirado ar neatsirado nuostolių kitai šaliai. (Jeigu šalių nustatyta bauda yra akivaizdžiai per didelė, teismas gali ją sumažinti, tačiau tai turėtų būti nustatoma neatsižvelgiant į patirtus nuostolius, kadangi tokiu atveju baudos institutas praranda visą savo naudingumą.[29])

Kaip ir baudos, delspinigiai mokėtini neatsižvelgiant į nuostolius: šalis neprivalo įrodyti, kad turi nuostolių tam, kad galėtų prisiteisti delspinigius.

Vis dėlto, teisingiausia pozicija yra, kad delspinigiai yra taikomi siekiant *kompensuoti* nukentėjusią šalį.[30] Delspinigiai savo prigimtimi, pagal Europos ir tarptautinės teisės normas, nėra netesybiniai: jie ne tiek skatina prievolės įvykdymą kiek nestiprina jo interesą įvykdymą vilkinti.

Delspinigiai [angl., *moratory damages*, pranc. *dommages-intérêts moratoires*] preziumuoja prievolę kuri buvo realiai įvykdyta, tačiau pavėluotai. Tokiu atveju, nukentėjusiojo galimybę prisiteisti delspinigius

---

[29] LARROUMET, *supra* išn. 9, § 780; *Contra, Netesybas Ir Palūkanas Reglamentuojančių Teisės Normų Taikymo LAT Praktikoje Apžvalga*, TEISMŲ PRAKTIKA § 7.1 (2012); t.p. LR CK 6.73 str. 2 d.

[30] 7 INTERNATIONAL ENCYCLOPEDIA OF COMPARATIVE LAW, 54 (Arthur Von Mehren ed., The Hague, Mouton 1976); POTHIER, *supra* išn. 6, § 172 („[D]elspinigiai priskaičiuojami tikslu kompensuoti." (aut. vert.).

yra kompensuoti jam už skolininko vėlavimu padarytus nuostolius.[31]

Žinoma, galima sakyti, kad delspinigiai turi ne vien kompensacinę funkciją; delspinigiai turi ir funkciją užkirsti kelią nepagrįstam praturtėjimui ir skatina prievolės įvykdymą.[32]

Todėl bendrai laikoma, kad kai šalis delsia apmokėti už suteiktas paslaugas ar prekes, preziumuojama, kad nukentėjusioji šalis dėl to delsimo patiria nuostolių. Todėl jų (nuostolių) nereikia įrodyti – net paprastai negalima.[33] Pasak klasikinių autorių, „tokie nuostoliai sunkiai įrodomi„ ir „sunkiai numatomi" (tik numatomi nuostoliai priteistini), todėl šaliai priklauso sutarties ar, jeigu dėl šito nesusitarta sutartyje, įstatymo, nustatytus delspinigius mokėti.[34] Todėl galima sakyti, kad delspinigiai yra *sunorminti, nenuginčijamai preziumuojami nuostoliai*. Esant kitoms neįvykdytoms prievolėms negalima preziumuoti, kad yra padaryta žala, o esant piniginėms prievolėms (apmokėjimams) galima. Preziumuojama, kad pinigai visad „dirba."

Tvarka dėl delspinigių mokėjimo tvarkos esant vėlavimui apmokėti už suteiktas paslaugas ar pateiktas prekes

---

[31] DAHL'S LAW DICTIONARY; DICCIONARIO JURICO DAHL; SPANISH-ENGLISH/ENGLISH-SPANISH 269 (3rd ed. 1998) (aut. vert.). (Kitaip sakant, nuostoliai (delspinigiai), priteisiami už vėlavimą neužtikrina prievolės įvykdymą, o kompensuoja už tai, kad vėluojama.).

[32] John Y. Gotanda, *A Study Of Interest*, VI VI DOSSIERS OF THE ICC INSTITUTE OF WORLD BUSINESS LAW; VILLANOVA LAW/PUBLIC POLICY RESEARCH PAPER NO.2007-10 5 (2008).

[33] Code civil [French Civil Code], Loi 1804-02-07 promulguée le 17 février 1804, CODE CIVIL § 1153 (1804) (Lietuvoje galima išieškoti nuostolius (LR CK 6.261). Tai tačiau kvalifikuotina kaip klaida, kadangi tai nesiderina su tarptautine patirtimi. Galbūt buvo turima omenyje tik tas pinigines prievoles, kurios nėra apmokėjimo prievoles, tačiau tai minėtame straipsnyje nėra išskirta.)

[34] POTHIER, *supra* išn. 6, § 170.

dabar yra nustatyta Europos Sąjungos mąstu komerciniams sandoriams.[35]

Tačiau įsidėmėtina, kad Lietuvos teisės aktuose reglamentuojančius vėluojančius apmokėjimus vietoje žodžio *delspinigiai* yra vartojamas žodis *palūkanos* arba *palūkanos už vėlavimą.*[36] Apie tai daugiau rašysime žemiau.

Yra kitas teisės institutas, šiek tiek panašus į delspinigius. Šalys gali sulygti, kad, jeigu šalis vėluoja atlikti prievolę, kuri yra kita nei kainos apmokėjimas, būtų taikoma *bauda.* Kalba čia eina ne apie vėlavimą apmokėti sutartą kainą, o apie kitas prievoles. Galima susitarti, kad esant tokiam vėlavimui baudos vis didėtų.[37] Tokios baudos, skiriamos už delsimą, akivaizdžiai panašios į delspinigius.

Paprastai, tokios rūšies baudos, t.y., tos, kurios yra mokėtinos už prievolės pradelsimą, yra aptinkamos paslaugų sutartyse kuriose prievolės vykdymas yra pastovus per tam tam tikrą laiko tarpą, kaip antai programinės įrangos palaikymo sutartis, pastato priežiūros sutartis, arba apsaugos paslaugų sutartis.

Yra taip pat įmanoma, kad tokios baudos, skaičiuojamos už pradelsimą, būtų nurodytos procentu „sumos" ar vertės tos prievolės, kuri yra užtikrinima.[38] Tačiau akivaizdu, kad praktiškai toks dalykas galėtų būti tik paskolos sutartyse.

Kaip jau minėta, LR teisės aktuose nepagrįstai ir nepaaiškinamai yra laikoma, kad yra dvi atskiros kategorijos: „delspinigiai" ir „palūkanos už pavėluotą apmokėjimą." *Tokiai taxonomijai vakarų teisės šaltiniuose nėra analogo.*

---

[35] European Parliament and Council Directive 2011/7/EU, On Combating Late Payment in Commercial Transactions, 2011, OJ L 48, 1-10 (2011).
[36] LR Civ. kodekso 6.210 str.
[37] NICHOLAS, *supra* išn. 15, 235.
[38] LR Civ. kodekso 6.71 str. 2 d.

Tai, kad LR įstatymuose delspinigiai yra laikomi kas kita nei palūkanos už pradelstą terminą yra, švelniai tariant, nepagrįsta. Realiai, šie du institutai yra vienas ir tas pats dalykas. Reikia pripažinti, kartu su Lietuvos Aukščiausiasis teismu, kad už tą patį pradelsimą būtų galima atskiru atveju priskirti tiek delspinigius, tiek palūkanas, ir viena į kitą būtų skaičiuojamos.[39] Kitas įrodymas, kad institutai tapatūs vienas kitam yra 2012 m. byla, kurioje Aukščiausiasis teismas konstatuoja, kad sutartyje sulygtos palūkanos už vėlavimą yra, nepaisant sutarties, delspinigiai.[40] Tačiau stipriausias argumentas jau buvo minėtas: tokiai taksonomijai, kurioje yra delspinigiai yra kas kita nei palūkanos už pradelsimą, nėra žinoma vakarų teisėje.

Matyti, LR Civilinio kodekso autoriai turėjo norą kažką gudraus padaryti kodekse nepaaiškinamai sukurdami „delspinigius" kurie neva tai nėra tapatūs „palūkanas už pavėluotą įvykdymą." Reikia daryti išvadą, kad nepavyko, kadangi net Lietuvos Aukščiausiasis teismas iš esmės, nors atsargiai, tai pripažįsta.[41] Atvirai tariant, dabartinė situacija daro gėdą prieš svetimtaučius. Reikalą komplikuoja ir ES direktyva dėl vėluojančių apmokėjimų. Reikėtų viską nuodugniai perrašyti.

Dabar dalykiškiau aptarsime kai kurios iš galimų variantų.

1. B2B sutartyse.

Jeigu sutartis komercinė (tarp komersantų, įmonių), ji reguliuojama jau minėta ES direktyva ir tą direktyvą

---

[39] *Netesybas Ir Palūkanas Reglamentuojančių Teisės Normų Taikymo LAT Praktikoje Apžvalga, supra* išn. 29, sec. 3.

[40] L.P. v. AS Parex, 2012 m. rugpjūčio 14 d. civilinė byla Nr. 3K-3-392/2012.

[41] *Netesybas Ir Palūkanas Reglamentuojančių Teisės Normų Taikymo LAT Praktikoje Apžvalga, supra* išn. 29 („[P]alūkanų ir netesybų institutus reglamentuojančių teisės normų taikymas Lietuvos teismų praktikoje kelia tam tikrų sunkumų.").

įgyvendinančiomis Lietuvos teisės aktais. Tokiu atveju, palūkanos už pavėluotą mokėjimą bus skaičiuojamos net tokiu atveju, jeigu mokėjimo diena arba laikotarpis, per kurį reikia apmokėti, sutartyje nenustatyta. Palūkanos bus skaičiuojamos paprastai praėjus 30 dienų nuo tos dienos, kuri yra fiksuota sutartyje prievolės įvykdymui arba, jeigu data sutartyje nefiksuota, nuo tos dienos, kai buvo pateikta sąskaita. Tai reiškia, kad a) negalima prisiteisti iš skolininko palūkanų, jeigu jis apmoka per 30 dienų bėgyje ir b) iš skolininko, kuris vėlavo apmokėti daugiau nei 30 dienas pavėluotai, galima išieškoti dar ir palūkanas dėl pavėluoto termino, net, kaip jau sakyta, jeigu dėl to nebuvo sutartyje susitarta.

Ką tai reiškia? Įmonė nupirko prekes už 10,000 eurų. Pardavėja išrašė sąskaitą ir ją įteikė tą pačią dieną. Nupirkusi prekes įmonė neapmoka už prekes ir pardavusi prekes įmonė po metų pateikia ieškinį. Pardavusi prekes įmonė gali išsieškoti 10,000 eurų ir įstatymo nustatytus palūkanas. Jai nereikėjo atskirai jų reikalauti ar dėl jų sulygti: jie skaičuojami automatiškai praėjus 30 dienų. (Ieškinyje reikia jų reikalauti, tačiau nereikia atskirai jų iš skolininko reikalauti.)

Arba ta pati situacija, tačiau pirkusi prekes įmonė apmoka 10,000 eurų po metų. Ar pardavusi prekes įmonė gali reikalauti (ir reikalui esant teisme išieškoti) ir įstatymo nustatytas palūkanas? Taip! Prieštaraujančios sutarties išlygos, jeigu tokių būtų, (net) negalioja.

2. B2B. Šalys gali susitarimu pakeisti daugelį įstatyme esančias taisykles. Galima, pavyzdžiui, nurodyti, kad palūkanos būtų *kaupiamosios*. Taip pat galima sulygti, kad palūkanos būtų didesnės, negu įstatymo nustatytos bazinės palūkanos (su tam tikrais apribojimais).

3. Kitos civilinės sutartys (ne su vartotojais). Šioje pastraipoje aptariame atvejį, kai sutartyje nieko nėra sulygta dėl pavėluoto apmokėjimo arba dėl apmokėjimo termino. Tokiu atveju, galima išieškoti civiliniame kodekse nustatytas palūkanas

už praleistą terminą apmokėti – net jeigu apie tai nieko nėra sutartyje. Šito atveju skolininkas, tačiau, neturi 30 dienų apmokėjimo termino; jis privalo apmokėti iš karto. Todėl dėl kiekvienos pavėluotos dienos jam priklauso mokėti ir palūkanas.

4. Ar galima susitarimu nustatyti kitas nei įstatymo nustatytas taisykles civilinėse sutartyse (kurios yra nei B2B nei su vartotojais)? Galima. Galima nustatyti mažesnes ar protingumo ribose didesnes, negu įstatymo numatytas palūkanas. Galima nustatyti apmokėjimo terminą (kitaip tariant, galima nustatyti terminą, per kurį, jeigu skolininkas apmoka, nebus skaičiuojamos palūkanos, kaip antai, „apmoka per 30 dienų"). Galima taip pat nustatyti, kad skolininkas apmoka išieškojimo išlaidas. Visais atvejais, reikia vengti išsireiškimų ar formuluočių, kuriais remiantis skolininkas galėtų įrodyti, kad palūkanos skaičiuojamos tik nuo jų atskiro ir aiškaus pareikalavimo.

Kitas bendras patarimas: nenaudoti žodžio *delspinigiai* lietuviškose sutartyse. Įvairūs paaiškinimai rodo, kad praktiškai lietuviškieji *delspinigiai* neturi funkcijos ar paskirties. Naudoti tik „palūkanos už praleistą terminą" sąvoką. Prie šito išskaičiavimo prisideda ir tai, kad delspinigiams yra nustatytas tik šešių mėnesių senaties terminas.

Labai dažnai įmonės sau sudaro problemas kai jos, įvairiais būdais, taip surašo sutartis, kad neaišku kada skolininkas privalo apmokėti už paslaugą, kadangi neaišku, kada ji laikoma (tinkamai ir pilnai) įteikta. Dažnai atsitinka, kad paslaugų davėjo teisė išrašyti sąskaitą sąlygojama kitos šalies subjektyviu patenkinimu, net kai objektyviai paslauga tinkamai pateikta. Su tokiomis išlygomis reikia nesutikti! Net jeigu esate paslaugų gavėjas, todėl, kad tokios išlygos veda į nesantaiką ir nereikalingus ginčus, jų reikia vengti. Jeigu prekė ar paslauga bus tikrinima, reikia iš anksto nustatyti aiškias kriterijas. Esant aiškumui, diskursas bus civilizuotas.

Prisiminti verta, kad kuo tiksliau jūs apibrėšite ir laikysities sutartyje nustatytas apmokėjimo ir uždelsimo apmokėti sąlygas, tuo labiau tikėtina, kad gausite apmokėjimus nepavėluotai ir išvengsite teisinių ginčų. Tokie ginčai dažnai yra ypatingai nemalonūs ir labai dažnai apkartina santykius arba pažeidžia įmonių reputaciją.

Modeliuoti palūkanas reiškia modeliuoti apmokėjimo tvarką, o tai modeliuoti gali reikėti sumodeliuoti paslaugų ar prekių tikrinimo procedūrą. Tokiais klausimais neišvengiamai reikia kreiptis pas advokatus. Jis žinos, kurios teisės normos taikytinos jūsų sutarčių apmokėjimo bei delsimo apmokėti režimui ir galės geriausiai tą režimą sumodeliuoti.

Kaip matote, net tokie sausi dalykai kaip delspinigiai ar palūkanos už praleistą terminą gali būti kontroversiški ir įdomūs! Viena vertus, tai, kad delsimas įvykdyti prievolę gali sukelti nuostolius ir sudaryti galimybę nepagrįstai praturtėti, turėtų būti aišku ir neginčijama. Žmonės todėl yra sukūrę taisyklę, kad už delsimą paprastai yra priskaičiuojami sunorminti nuostoliai, išreiškiami procentais.

Tačiau šios paprastos idėjos įgyvendinimas yra problematiškas. Lietuvoje, kaip mes matome, delspinigių sąvoka atskirta, ko gero nepagrįstai, nuo palūkanų, mokėtinų už pradelsimą.

Bet kaip jau matėme, tai nėra didžiausia bėda. Mano giliu įsitikinimu, dabartinė situacija liečiant delspinigius neilgai išsilaikys be pakeitimų: situacija bus sureguliuota įstatymo pakeitimais.

Didžiausia bėda: neaiškumas sutartyse, sukeliantis ginčus dėl prekių gavimo, paslaugų suteikimo ar darbų atlikimo fakto ir todėl ir apie mokėjimą bei palūkanas. Skaičiau komentarą neseniai, parašytą anonimiškai laikraščio tinklalapyje prie straipsnio apie sutartis, „iš dešimto karto tik įmanoma suprasti, kas parašyta." Šitaip tegul būna kuo rečiau!

Autorinės sutartys ir mokesčiai

Apskaitos, audito ir mokesčių aktualijos
2009 m. gegužės 25 d., pirmadienis, Nr. 20 (548)

KODĖL PASIKEITĖ pajamų pagal autorines sutartis apmokestinimo tvarka? Kodėl priimti būtent tokie pakeitimai? Pasak kai kurių verslininkų ir vadovų, autorinėmis sutartimis buvo piktnaudžiaujama. Kad buvo piktnaudžiaujama, vargu ar galėtumėme ginčytis. Tačiau, jeigu piktnaudžiaujama, piktnaudžiaujančius asmenis reikėtų išaiškinti, panaikinti piktnaudžiavimo nešamus toms įmonėms ar asmenims vaisius, o ne visus visuotinai bausti, bausti ir žiūrėti, ar dar kruta, ir toliau bausti. Praktiškai kiekviena laisve ar galimybe galima piktnaudžiauti, todėl piktnaudžiavimas laisve tik labai retai gali pateisinti jos apribojimą.

Gali būti, kad nebuvo imtasi priemonių užkirsti kelią piktnaudžiaujantiems dėl to, kad buvo tiesiog susitarta. Esu girdėjęs, kad stambios firmos buvo „susitarusios" su VMI, kad kurį laiką „leistų" dar „mokėti per autorines." Manau, kad jeigu buvo susitarta, tai tik pasąmoniniame lygmenyje. Ko gero tikroji priežastis slypi atneštoje dar iš sovietmečio teisės teorijoje, mentalitete arba požiūriu į įrodymus. Nors net senasis 1964 m. sovietinis Civilinis kodeksas nustatė, kad sandorius, sudarytas dėl akių negalioja o galioja tikrasis, paslėptasis, kažkaip nesiryžtama buvo parodyti, kad autorinės sudarytos dėl fiktyviai, arba tiesiog perkvalifikuoti sandorį į darbo sutartį, kai tariamasis autorius dirba toje pačioje įmonėje. Galbūt t.p. yra problema su teisininkų paruošimu: mokesčius išmanančių yra, tačiau jie retai turi didesnės baudžiamosios teisės patirties, galbūt dar mažiau turi gerą, bendrą, įrodymų teisės supratimą.

Tačiau ko gero svarbiausia priežastis buvusiosios mokesčių politikos yra sisteminė. Yra du būdai surinkti mokesčius. Vienas yra juos išreikalauti iš pajamų gavėjo; kitas yra nustatyti, kad už gavėją išskaito mokėtojas (angl., *withholding at source*). Anglijoje mokesčių išskaičiavimas yra žinomas nuo 1803 m. Yra akivaizdu, tačiau, kad reikia ne tik apmokestinti pajamas, bet tai padaryti tokiu būdu, kuris labiau užtikrintai garantuotų jų sumokymą. Todėl kai kuriems mokesčių mokėtojus, kaip antai darbuotojus, apmokestinti yra naudingas mokesčių išskaičiavimo būdas – antraip milijonai darbuotojų paprasčiausiai neturėtų iš ko sumokėti mokesčius gale metų, kadangi būtų viską pravalgę.

Labiau išsivysčiusios šalys kaip JAV ir Anglija naudoja abu būdus; mokesčiai darbdavių yra išskaičiuojami ir pervedami valstybės biudžetui, tačiau mokesčių mokėtojai (darbuotojai) turi galimybę padaryti įvairias korekcijas. Tačiau Lietuvoje yra iš esmės naudojama tik mokesčių išskaičiavimo būdas. Akivaizdu, kad tai yra lengviau administruoti. Galbūt dar gyva ganėtinai sovietinė mintis: darbininkai yra nuskriaustieji, tiesiog neveiksnūs. Kaip bebūtų, pasikliovimas vien tik arba iš esmės vien tik mokesčių išskaičiavimu turi ir neigiamas pasekmes.

Liaudis yra gan kritiškai įvertinusi 2009 m. mokestines naujoves. Negalima paneigti, kad liaudis turi savo išmintį. Mano įsitikinimu, yra dažnas atvejis, kad liaudis net negali išvardinti rūpestį keliančią problemą ar įžvalgą, o tiesiog jaučia, kad kažkas ne taip. Kažkas yra ne taip su naujais mokesčiais. Ir tai yra susiję su mokesčių išskaičiavimo metodu.

Mokesčius privalo Lietuvoje išskaičiuoti už autorių įmonė, su kuria autorius yra sudaręs autorinę sutartį. Tai nieko naujo; jau ir anksčiau taip buvo. Tačiau dabar ta įmonė privalo išskaičiuoti ir Sodros įmokas. Įmonė (vadinama „draudėjas") tai daro taikydama tam tikrą procentą (dabar, 7% o nuo 2011 m., net 26.7%). Kas problematiška yra tai, kad nėra absoliučios sumos, kurią pasiekus, nebūtų apmokestinama (nėra, kaip kai kas išsireiškia, *lubų*). Tačiau Sodros pensija yra limituojama. Trumpai tariant, tiek, kiek reikia sumokėti yra nelimituojama, tačiau visais atvejais tiek, kiek mokėtojas (apdraustasis, pilietis) gaus yra limituojama: tiesiog yra tam tikras limitas, ir daugiau negausi, net jeigu milijonus būtumei sumokėjęs.

Reiškia, jeigu ponia J.K. Rowling, per visą pasaulį pagarsėjusių *Hario Poterio* knygų serijos autorė, būtų gyvenusi Lietuvoje, ji būtų sumokėjusi Sodrai apie 250 milijonų litų. Atitinkamai proporcingos (tai yra, milžiniškos) pensijos, tačiau, nesulauktų. Gerai, galima argumentuoti, nors aš nesutinku, kad lietuviai niekad tiek neuždirbs, kadangi yra puikių rašytojų ir kompozitorių, kurių darbai galėtų būtų tiek Lietuvoje, tiek pasaulyje, populiarūs ir vis dėlto, ši situacija neteisinga, kad ir mažesniais, lietuviškais, mąstais.

Sodros mokesčio ribos nebuvimas yra ko gero sisteminė problema. Todėl, kad mokestis („draudimo įmoka") yra išskaičiavimo būdu renkamas, mokestį išskaičiuojantis asmuo nežinotų ar tam tikras autorius, gaunantis autorinį atlyginimą iš keliolika įmonių, yra pasiekęs Sodros įmokų maksimalią sumą. Tačiau tokį dalyką galima sugalvoti, kaip sutvarkyti. (Beje, jeigu kam įdomu palyginti, JAV yra Sodros įmokoms nustatyta absoliuti riba, arba tiksliau, yra Sodros apmokestinamos pajamoms nustatyta riba; pajamos, uždirbamos virš tos ribos nėra Sodros mokesčiu apmokestinamos.)

Kita problema yra susijusi su tais autoriais, kuriems dėl vienokių ar kitokių priežasčių (kaip antai tęstinumas) yra pripažįstama individuali veikla. Šiems asmenims tiek mokesčiai, tiek Sodros įmokos, priskiriamos iš esmės nuo pajamų, o ne nuo pelno. Jeigu mokestis renkamas išskaičiavimo būdu, galima kai kuriais atvejais praktiškai ignoruoti mokėtojo išlaidas, kurias patiria uždirbdamas tas sumas (pasaulinėje praktikoje tai pajamos susijusios su arba prilygintinos su darbo santykiais arba palūkanos). Jeigu mokestis surenkamas tačiau iš pajamų gavėjo, tai sunku pateisinti išlaidų nepripažinimą, tačiau Gyventojų pajamų mokesčio įst. 18 str. specifiškai neleidžia nurašyti reprezentacijos išlaidas, kompiuterių programų susikūrimo išlaidos ir t.t. Itin keistai skamba draudimas nurašyti kompiuterių programų kūrimo išlaidas ... ypatingai jeigu tu uždirbinėji savo kasdieninę duona kurdamas tas kompiuterines programas (pagal autorinę sutartį kuri priskiriama individualiai veiklai). Čia gali būti net konstitucinės teisės klausimas: juk negalima konfiskuoti turto, o iš principo galima patirti tiek išlaidų kompiuterių programos kūrime, kad neliktų pelno, tačiau vienok reikėtų mokėti mokesčius ir Sodrą. (Ar mes norime šitaip gyventi, kai pastoviai yra jaučiamas neteisingumas?)

Čia galima trumpai stabtelti ir prisiminti, kas yra autorinė sutartis. Dažnas buhalteris atsakytų, kad tai iš esmės yra paslaugų sutartis. Yra ar gali būti panašumų į paslaugų sutartį, tačiau ne, autorinė nėra paslaugų sutartis. Autorinė sutartis yra savo esmėje intelektinės nuosavybės pirkimo-pardavimo sutartis. Tai yra todėl, kad, apart kitko, autorinės sutarties įvykdymo svarbiausias rezultatas yra tai, kad intelektinė nuosavybė, kuri priklausė vienam, pereina kitam asmeniui. Nors buhalteriai yra ko gero labiau įpratę matyti autorines sutartis pagal kurias yra užsakoma *sukurti* tam tikrą intelektinę nuosavybę ir *tada (paskiau)* ją perleisti, galima irgi vien tik perleisti jau anksčiau sukurtą intelektinę nuosavybę (pavyzdžiui, romaną ar kompiuterinę programą).

Nors tai vargiai telpa į šio straipsnio retorišką seką, čia stabtelėsime pastebėti, kad LR teisėje autorinės teisės yra visuomet sukuriamos fizinio asmens (gyventojo, piliečio, žmogaus) ir tik paskui yra perduodamos kitam asmeniui. Yra tik viena išimtis: darbuotojas, kuris kuria kompiuterines programas: praktiškai visos teisės iš karto priklauso darbdaviui, ne darbuotojui; jis jų net neperduoda, jos tiesiog atsiranda darbdavio „tėvonijoje." Visai kas kita yra su užsakomojo pobūdžio autorinėmis sutartimis: teisės į kūrinį priklauso autoriui; sutartis nustato, kada jos pereina užsakovui/pirkėjui.

Ar vis dėlto užsakomojo pobūdžio autorinė sutartis yra paslaugų sutartis? Ne, kadangi užsakovui svarbu gauti rezultatą: intelektinę nuosavybę, kūrinį. (Medikai ir advokatai teikia paslaugas ir nors mes norime, kaip klientai-paslaugų pirkėjai būti garantuotai išgydomi ir laimėtų visas bylas, nei medikai nei advokatai rezultato tokio neįsipareigoja teikti, jie įsipareigoja teikti tiktai paslaugas, kurios turi būti neaplaidžiai teikiamos, bet tik tiek. Teigiamo rezultato gali būti ir gali nebūti, tai nėra sutarties dalykas, tačiau autorinėje sutartyje joks užsakovas neperka iš autoriaus jo bandymų kažką sukurti, jo autorines paslaugas, o jų rezultatą-kūrinį, intelektinį rezultatą.)

Todėl, beje, mokesčių inspekcijai nepasisektų „pritempti" visas autorines sutartis prie „individualios veiklos." Visų pirma, „individualios veiklos" sąvoka apima ... veiklą. „Individuali veikla" – šio teisinio instituto tikslas yra apimti, reguliuoti, apmokestinti būtent tam tikrą tęstinių veikų sumą, kuri panaši būtų į biznį. Kodėl? Todėl, kad Lietuvoje esanti mokestinė sistema iš esmės pagrįsta, kaip jau rašiau, idėja, kad įmonės (ar kažkas į jas panašaus, kaip antai asmenys, apsiimantys „individualia" veikla) moka ir reikalui esant, išskaičiuoja mokesčius. Turite televizorių? Pardavėte kaimynui? Ar tai pajamos? Taip, ir sistema turėtų numatyti tokios veikos apmokestinimą. Tačiau nei tai verslas, nei tai kažkokia „individuali veikla." Panašiai gali būti ir su autorine sutartimi; kiek gali asmuo parašyti romanų? Dešimt? Dvidešimt? Ir tai per visą gyvenimą. O LR iš esmės yra tik „įmonės" ir „individuali veikla." Todėl autorinės sutartys yra anomalija, nukrypimas nuo normos.

2008 m. gale priimti įstatymai pakeitė autorinių sutarčių padėtį, tačiau vietoje to, kad sistema būtų pakeičiama tokiu būdu, kad nebeliktų anomalijos, anomalija tiesiog padidinta. Iš principo, visiškai teisinga yra nuostata, kad „autoriai" turėtų mokėti mokesčius, tame tarpe ir Sodrą. Neteisinga yra traktuoti autorių pajamas kaip darbuotojo uždarbį (žr. šio straipsnio 7, 8 ir 9 pastraipas). Taip pat neteisinga yra traktuoti tai kaip individualia veikla (kadangi tai nebūtinai yra į verslą panaši *veikla*).

Galima sukritikuoti įstatymo pakeitimus ir tuo, kad finansinei krizei prasidėjus nereikėjo įmonėm užkrauti naują mokestį. (Ir ne vien tik įmonėms: pagal turimas žinias, per pirmas šešias savaites po pakeitimų įsigaliojimo net 30 advokatų uždarė savo kontoras; nors advokatai nedirba pagal autorines, ir juos įstatymo pakeitimai liečia. Iš viso advokatų yra apie tik 1500.) Bet svarbiausia, jeigu daryti, tai gerai daryti. O kaip buvo padaryta? Šitaip vadinasi įstatymas, kuriuo pakeitimai buvo padaryti: *Valstybinio socialinio draudimo fondo biudžeto 2009 metų rodiklių patvirtinimo įst.* Ar tai skamba normaliai? Ar šalis, esanti Europos Sąjungos narė, šitaip įstatymus priima? Maskuotus ar pusiau maskuotus? Man primena senus laikus, prieš penkiolika ar daugiau metų. Niekas nepasikeitė, deja, deja.

Toliau apie šių pakeitimų priėmimą. Projektas pateiktas pirmadienį, gruodžio 15 d. Jau ketvirtadienį, gruodžio 18, buvo svarstomas komiteto posėdyje ir tą pačią diena priimtas Seimo plenariniame posėdyje. Negana to, bet tą pačią diena Prezidentas jį pasirašė. Aš esu dirbęs Seime ir galiu paliudyti: taip savaime nesigauna; matyt buvo susitarta, skubinta. Komiteto išvadoje parašyta, kad nesulaukta jokių pasiūlymų ar kitų komentarų iš piliečių ar organizacijų. Žinoma nebuvo; nebuvo laiko jiems sureaguoti. Ir jokie piliečiai ar organizacijų atstovai nebuvo kviečiami į komiteto posėdį, tik valdžios instancijos. Aštuoni komiteto nariai balsavo už projektą ir nei vienas nebalsavo prieš, nors trys susilaikė. Kas balsavo už, kas susilaikė, iš dokumentų nesužinosime, kadangi nesužymėta. Nesvarbu ar autorinių sutarčių apmokestinimo klausimas turėjo ar neturėjo būti reformuojamas. Visiškai nesvarbu. Reikia laikytis tam tikro proceso, tam tikro padorumo. Kur skaidrumas įstatymų priėmime? Kas taip elgiasi? Kodėl tai toleruotina Lietuvos atstatytos nepriklausomybės 19 metuose?

Nota bene: vartoju šiuo metu „nebemadingą" terminą „autorinės teisės" vietoje „autorių teisės", kadangi ne vien *autoriai* turi teises. Autorius gali perduoti savo teises kitiems. Taip pat jas gali licenzijuoti. Tokiu atveju, gavėjas turi teisę į licenciją, tačiau neturi paties autoriaus teisių. (Apie licencijas rašau sekančiame skirsnyje). Lygiai taip pat dėstytojas turi tam tikrą teisę naudoti kūrinį, nors jį su autoriumi nesieja jokie juridiniai aktai; dėstytojo teisė kyla ne iš autoriaus. Todėl terminas „autorinės teisės" yra tikslesnis ir tinkamesnis; šios teisės susijusios su autoriaus teisėmis, tačiau nėra, tiksliau tariant, autoriaus.

Licencijos

Apskaitos, audito ir mokesčių aktualijos
2010 m. gruodžio 20 d., pirmadienis, Nr. 48 (624)

LICENCIJAS, kaip teisinį institutą, praktiškai galima rasti visur, nes kompiuterinė įranga neįsivaizduojama be licencijų, o mūsų gyvenimas neįsivaizduojamas be kompiuterių. Nors licencijos yra minimos ir LR Civiliniame kodekse, ir autorių teisių įstatyme, vis dėlto licencijos supratimas Lietuvoje yra išlikęs paviršutiniškas.

LR Civilinis kodeksas mini licencijas. Tačiau jame licencijos apibūdinamos tautologiškai: tesakoma, kad licencija yra leidimas (žr. CK 6.402 str. 3 d.). Vis dėlto, jei licencijos būtų tapačios leidimams, nereikėtų atskiros sąvokos. Žiūrėkime toliau.

Autorių teisių įstatyme pateikiamas kiek išsamesnis licencijos apibūdinimas, bet vis vien viskas „suplakta" į taip vadinamą „leidimą". Rašoma, kad licencija yra „leidimas, suteikiantis kūrinio ... naudotojui teisę naudoti kūrinio ... originalą arba jo kopijas ... kaip numatyta licencinėje sutartyje."

Tačiau licencija nėra leidimas. Leidimą galima įgyti statinio statybai. Leidimas nėra dalykas, nėra turtas, o licencija, deja, yra turtas (arba praktiškai yra turtas). Eilinis buhalteris puikiai supranta šio skirtumo reikšmingumą.

Taigi, kas yra licencija? Ar tai tik įsipareigojimas nepateikti ieškinio dėl neteisėto turto panaudojimo? Ne. Licencijos davėjas suteikdamas licenciją neprisiima įsipareigojimo nepateikti ieškinio dėl pažeistų savo teisių. Anaiptol, jis, suteikęs licenciją, *nebeturi* teisės priešintis: jis *beteisis*. Skirtumas yra toks: įsipareigojimas gali būti pažeistas; būti beteisiu reiškia, kad tiesiog kai ko negali padaryti.[42]

Iš savo pusės, licencijos gavėjas įgija *privilegiją* daryti su licencijuotu dalyku tam tikras operacijas nebijodamas ieškinio. Privilegija atlikti operacijas su kito asmens turtu turi savo ruožtu tam tikrų daiktinių (turtinių) savybių.[43] Todėl sutarčių teisės dėsniai yra nepakankamii licencijų apibūdinimui.

Tam, kad būtų aiškesnė licencijos esmė, pateiksime keletą pavyzdžių. Kai kuriose šalyse viešbučio kambariai neišnuomojami, o suteikiami licencijos būdu.[44] Ganėtinai akivaizdu, kad nuoma suteikia nuomininkui tam tikras teises – per daug teisių, jeigu kalba eina apie viešbučius.[45] Todėl viešbučiams labiau tinka licencijos institutas, ypatingai todėl, kad lengviau galima sąlygoti tam tikrus veiksmus, pavyzdžiui, lengviau uždrausti cigarečių rūkymą arba triukšmavimą.

Būdavo prieš penkiolika metų Lietuvoje, kad jeigu duodi kitam asmeniui savo automobilį, jam privalai suteikti net notaro patvirtintą įgaliojimą. Kažkodėl tai buvo tapę madinga: daug kas

---

[42] Christopher M. Newman, *A License Is Not A "Contract Not To Sue,"* 98 IOWA L. REV. 1103, 1103–5 (2013).

[43] *Id.*, p. 1118.

[44] Washington State Dept. of Rev., *Rental vs. License to Use Real Estate,* http://dor.wa.gov/Content/GetAFormOrPublication/PublicationBySubject/ TaxTopics/RealEstate.aspx (tikrinta 2014-11-05).

[45] Civil Code Of Québec, *supra* išn. 3, § 1892 (3) (Kvebeko civiliniame kodekse viešbutis nuomoja kambarius tačiau kodeksas nustato, kad paprastos taisyklės tokiam atvejui netaikytinos.).

taip darė. Visa bėda, kad šios teisinės operacijos negalima kvalifikuoti kaip įgaliojimo, kadangi įgaliojimas suponuoja, kad gavęs įgaliojimą asmuo veikia tiktai įgaliotinio naudai. Tačiau gavęs „įgaliojimą" asmuo naudojasi automobiliu kaip panori, savo tikslams ir naudai. Tai reiškia, kad čia kažkokia kita teisinė operacija: būtent, licencija. Automobilio savininkas atsisako teisės reikalauti nuostolių dėl to, kad kitas asmuo naudojasi jo automobiliu savo tikslams.

Dabar dalykiškiau pakalbėsime apie licencijas. Licenciją suteikiantis asmuo yra licenciaras (angl. *licensor,* pranc. *donneur de licence*) ir licencijos gavėjas yra licenciatas (angl. *licensee,* pranc. *licencié*).

Licencijos institutas yra itin reikšmingas ir naudingas intelektinės nuosavybės srityje tiesiog todėl, kad licencijos institutas leidžia suteikti įvairiausias teises, tačiau kartu nustato ir ribojimus, o tai labai tinka *intelektinei* nuosavybei. Pavyzdžiui, licencijos gali būti ribojamos tam tikra teritorija ar laiku. Jos gali būti išimtinės ar neišimtinės. Galima nustatyti kada jas galima panaikinti. Šito nepadarysi su perleista teise.

Ko gero, svarbiausia teisė yra teisė (tiksliau: *galia*) sublicencijuoti. Licencija, suteikianti tokią teisę, leidžia licenciatui tapti (sub-)licenciarui ir suteikti (sub-)licencijas (sub-)licenciatams.

Čia reikėtų stabtelti ir pasiaiškinti, kaip licencijos susijusios su autorinėmis teisėmis. Pagal europinį modelį autorius turi galimybę perduoti visiškai arba iš dalies savo „turtines" teises kitam asmeniui.[46] Tačiau jis visuomet lieka autoriumi ir jam visada išlieka vadinamos moralinės arba neturtinės teisės - iš principo jis jų negali nei atsisakyti, nei

---

[46] Fabruce Oerbist ir Alan Walter, *The International Free and Open Source Software Law Book: France,* http://ifosslawbook.org/france/ (tikrinta 2014.11.05).

perleisti.[47] Todėl lietuviška terminologija šiuo atveju yra problematiška: tiksliai tariant, autoriaus teisės reiškia tas teises, kurias autorius turi. Jeigu jis yra licencijavęs teises kitam asmeniui, tas asmuo nėra autorius. Jis galėtų turėti tik *autorines* teises. Tačiau žodis „autorinės" yra tapęs nepopuliarus ir yra *visai nepagrįstai* keičiamas žodžiu „autoriaus."

Taigi, jeigu autorius perleidžia visas ar dalį savo teisių, jis tų teisių nebeturi. Lygiai kaip su bet kuriuo kitu daiktu, jeigu jis nori tas teises atgauti, jis turi jas nusipirkti - jeigu tokias teises sutiks parduoti jų naujasis savininkas. Savaime jos „neatsifutbolins." Taip pat, perleidęs tam tikrą teisę, asmuo jos nebegali perleisti dar kitam asmeniui, kadangi jos nebeturi.

Licencija - nors tai originaliai nebuvo kontinentinės teisės sąvoka - labai vykęs terminas. Tai išreiškia, kad licenciatas turi tam tikrą turtinį interesą, tačiau pats turtas priklauso nuosavybės teise kitam asmeniui. Licenciją galima įvairiausiais būdais riboti: laiku, teritorija ar išimtinumu. Licenciją galima ir sąlygoti: kai kurios licencijos reikalauja, kad, tam, kad būtų galima kūriniu naudotis, bet kurie pakeitimai turi būti nevaržomai licencijuojami plačiajai publikai; kai kurie autoriai linkę manyti, kad tokie ribojimai negalioja.[48] Dėl to, kad licencija gali būti neišimtinė, ją galima suteikti daugeliui asmenų ir daug kartų.

Matyt, yra didžiulis skirtumas tarp licencijavimo ir perleidimo. Tačiau LR Autorių įstatymo tam tikros formuluotės problematiškos ar net klaidingos. LR Autorių įstatymo 39 str. rašoma: „turtines teises autorius gali perduoti kitiems asmenims pagal autorinę sutartį dėl teisių perdavimo arba suteikti pagal autorinę licencinę sutartį ... ." Tai suponuoja, kad perleidimas ir licencijavimas yra tas pats (rašoma, kad teises galima perleisti arba licencijuoti). *Tačiau yra tiesiog klaidinga konstatuoti*, kad

---

[47] *Id.*
[48] *Id.* pastr. 6.

autorius savo turtines teises gali suteikti kitam licencija. Taip nėra. Licencijos atveju visos nuosavybės teisės lieka autoriui; autorius (ar kitas asmuo, turįs autorines teises) suteikia privilegiją kitam asmeniui naudoti tą turtą. Tai visai kas kita, nei teisių perleidimas. Skirtumo nemato tas, kuris neskiria privilegijos nuo teisės.[49]

Todėl, kad licencijos gali būti neišimtinės, jos plačiai naudojamos kompiuterinės įrangos srityje. Kaip antai, apmokėjimas už tam tikras licencijas gali būti nustatomas pagal kompiuterių, į kuriuos jos yra įvestos, kiekį. Licencija lengvai galima nustatyti kiek leidžiama pasidaryti kopijų. Tai pat, rašydamas šį straipsnį, naudoju programą. Ji man nepriklauso: ji priklauso didelei bendrovei. Aš turiu tik licenciją.

Licencijos gali būti naudingos pradedantiesiems verslą. Kompiuterinės įrangos autoriai gali sukurti bendrovę ir jai perduoti įrangą licencijos būdu. Taip pat galima numatyti, kad bendrovė privalėtų daryti pastovius mokėjimus autoriams. Ir, kas yra svarbiausia, galima numatyti, kad, jeigu tų mokėjimų nepadaro, bendrovė licenciją praranda.

Iš esmės visuomet galima derėtis dėl licencijų sąlygų. Kita vertus, praktiškai derybų niekados nebus su vartotojais. Kitaip tariant, akivaizdu, jeigu nori atsisiųsti programą internetu, negalėsi derėtis dėl sąlygų. Tokiais atvejais, programinės įrangos autoriai vienašališkai nustato sąlygas .

Kiti svarbūs klausimai yra dėl licencijos objekto naudojimo būdų, dėl sublicencijų teikimo galimybės ir, jeigu deramasi dėl pajamų - aptariamas klausimas, kaip skaičiuoti pajamas, kai licencijuotas objektas įkomponuojamas į kitą produktą.

---

[49] Wesley N. Hohfeld, *Some Fundamental Legal Conceptions As Applied In Judicial Reasoning*, 23 YALE LAW JOURNAL 16 (1913).

Nemažiau svarbūs klausimai yra ir dėl vad. garantijų ir žalos atlyginimo. Beveik visuomet atsakomybė yra ribojama. Jeigu, sakykime, jūsų rašoma knyga dingtų dėl kompiuterinės įrangos kaltės, licencijoje bus išlyga dėl tokių nuostolių. Tai yra todėl, kad net gerai parašytos programos sutrinka ir, ko gero, todėl, kad naudotojas, o ne programinės įrangos kūrėjas, yra geriausioje padėtyje imtis priemonių tam, kad apsaugotų savo duomenis ir programas. Atsakomybės ribojimas įvairiai traktuojamas Europos Sąjungos valstybėse narėse ir visai tarp pastarųjų nesuderintas: kiekviena valstybė turi savo režimą.

Yra ir „atvirojo kodo" (angl. *open source*) licencijos. Galima net sakyti, kad yra atvirojo kodo *sąjūdis*. Jų ideologijos pagrindinė idėja yra ta, kad nemokama, atvira pakeitimams, kompiuterinė programa skatina vad. atvirąją (laisvą, skaidrią ir informuotą) visuomenę. Galima ginčyti. Daug bendrovių, kuriančių programas komerciniu pagrindu („uždaruoju kodu"), suteikia nevyriausybinėms organizacijoms nemokamas licencijas, remia jas dotacijomis.

Bet kaip ten bebūtų, faktas yra tas, kad dabar yra daug programų, kurios platinamos pagal vienokią ar kitokią atvirojo kodo licenciją. Galutiniai vartotojai (paprasti žmonės), žinoma, tų programų nekeis, tačiau yra kiti vartotojai, tarp jų firmos, kurios keičia, gerina ir siunčia tas programas atgal į tam tikrus centralizuotus jų paskirstymo/išplatinimo punktus. Patvirtinti pagerinimai yra įkomponuojami į programas. Šitaip jos vystosi ir, sakoma, kad visiems nuo to geriau. Pavyzdžiui, Lietuvoje gerai žinoma vartotojams skirtos programos *Libreoffice* ir *Firefox* naršyklė.

Praktikoje yra kita atvirojo kodo vystymo schema. Joje bendrovė gali keisti kitos bendrovės programą savo naudojimui kaip nori, tačiau, jeigu nori perleisti ar licencijuoti programą su savo pakeitimais tretiesiems asmenims, ji privalo licencijuoti tokiomis pačiomis sąlygomis, kuriomis įgijo originalią programą. Ši schema vadinama *copyleft*. Geriausiai žinoma *copyleft* licencija yra *GNU General Public License.* Yra ir Europos Sąjungos variantas: EUPL („Europos bendrijos viešoji licencija").[50] Sakoma, kad *copyleft* apsaugo nuo situacijos, kada bendrovė pakeistų ir pagerintų nemokamai gautą kodą - tada jį parduotų komerciniu pagrindu, ilgainiui išstumdama nemokamą, bet ne tokį gerą variantą.

Kitas variantas yra laisvoji licencija, kurios geriausiai žinomas variantas yra vad. *MIT license.* Tokių licencijų esmė yra tai, kad tokia licencija leidžia naudoti programą, ją keisti ir įkompanuoti į savas programas - ir jas komerciniu pagrindu pardavinėti. Sąlyga paprastai yra tik tai, kad reikia nurodyti, kad naudoji tą nemokamai įgytą programą.

Negalima nepaminėti, kad kai kuriose valstybėse visiškas ir išankstinis sutikimas dėl to, kad licenciatas keistų kūrinį savo nuožiūra, kaip yra numatyta minėtose *GNU* ir *MIT* licencijose, gali negalioti todėl, kad pažeidžia tos valstybės autorinės teisės įstatymus. Prancūzijoje laikoma, kad toks atsisakymas pažeidžia pagarbos kūrinio vientisumui principą.[51]

Reikia pabrėžti, kad abi, ką tik apibūdintos licencijų rūšys: *GPU copyleft* ir *MIT license,* yra būtent tik licencijos. Programinės įrangos autoriai neperduoda savo nuosavybės teisių. Tačiau yra kitas variantas, kurį galima vadinti „viešosios valdos" institutu.

Viešosios valdos institutas egzistuoja tiek JAV, tiek Prancūzijoje — *public domain* (angl.) arba *domaine public* (pranc.). Jeigu autorinis kūrinys priskiriamas taip vadinamai *public domain,* tokiu kūriniu galima laisvai naudotis. Iš esmės, laikoma, kad visi turi tolygias teises į tokį kūrinį. (Žinoma,

---

[50] European Union Public Licence (EUPL v.1.1) Joinup, https://joinup.ec.europa.eu/software/page/eupl/licence-eupl.
[51] X et Y vs. Televis edizioni musicali [2003] Case no 00–20014 (Prancūzija, Cour de cassation, 2003-01-28).

negalima sakyti, kad esi jo autorius – tai būtų plagiatas arba akademiškai ar kitaip nesąžininga.)

Kokie yra viešajai valdai priklausantys autorinių teisių objektai? Yra du pagrindiniai būdai tokiam objektui patekti į viešąją valdą. Pirma, kai pasibaigia terminas, t.y. laikotarpis, kuriuo įstatymas saugo autorines teises. Antra, kai autorius atsisako visų savo teisių visam laikui. Šitaip darydamas, autorius iš esmės suteikia visam pasauliui plačiausią įmanomą licenciją naudotis jo kūriniu. Tačiau, kaip nebūtų keista, atrodo, kad nėra nei vienos valstybės pasaulyje, kurioje būtų aiškus teisinis režimas, kuriuo autorius galėtų atsisakyti savo teisių; ypač problematiška yra su europinėmis moralinėmis teisėmis, kurių esą negalima atsisakyti. Todėl norintys atsisakyti autorinių teisių į tam tikrą kūrinį, asmenys dažnai vietoje tokio atsisakymo (kas iš principo priskirtų kūrinį viešajai valdai) suteikia vienokios ar kitokios formos licenciją.

Toliau dėl viešosios valdos: ar tokie dalykai, kurie neįeina į autorinio kūrinio, saugomo autoritinų teisių, sąvoką (kaip antai idėjos arba matematinės formulės) priklauso ar nepriklauso viešajai valdai yra nenustatyta: žymūs tos srities ekspertai šį klausimą diskutuoja.[52] Kaip nebūtų keista, debatas dėl viešosios valdžios ribų susijęs su svarbiais, galbūt esminiais dalykais: kiek galima naudotis kitų asmenų kūriniais? Ar daininkas gali pakeisti dainos stilių? Ar filmų režisierius gali kurti filmą apie mirusį asmenį neatsižvelgiant į jo palikuonių norus? Jeigu taip, kodėl? Ypač jeigu palikuonys dar iš to mirusiojo asmens kultūrinio, sakykime, palikimo uždarbiauja. Tai, kad ši sąvoka nėra visapusiškai išvystyta, byloja ir tokie pavyzdžiai: neseniai vienas Lietuvos universitetas pasivadino kito Lietuvos universiteto (buvusio) rektoriaus vardu. Neteigiu, kad taip būtinai negalima. Neteigiu, kad tai nemoralu - nors dėl

---

[52] David Lange, *Reimagining The Public Domain*, 66 LAW AND CONTEMPORARY PROBLEMS 463, 463 (2003).

to gali kilti abejonių. Tačiau tai, kad tai galima daryti reikštų, kad tiek to asmens vardas, tiek jo kultūrinis palikimas, priklauso viešajai valdai.

Apibendrinant, licencija yra viena iš pačių sudėtingiausių teisinių institutų. Ji turi turtinių savybių, bet jos esmė yra tai, kad licenciatas autoriaus turto neįgija. Vietoje to jis įgija *privilegiją* naudotis tuo turtu. Privilegija netapati teisei. Licenciją galima apriboti įvairiai; galima bandyti ir visiškai neapriboti. (Tačiau tiek apribojimai, tiek bandymai neapriboti yra ar gali būti teisiškai negaliojantys.) Licencijos itin svarbios programinės įrangos srityje būtent dėl savo lankstumo; deja, licencijų sąvoka nėra visapusiškai išvystyta. Kaip bebūtų, su jomis susidurti praktiškai tenka kiekvienam ir šiuo straipsniu siekiama padėti jas geriau suprasti ir naudoti.

Plagiatas ar autorinių teisių pažeidimas

Apskaitos, audito ir mokesčių aktualijos
2009 m. spalio 19 d., pirmadienis, Nr. 39 (567)

Kartą, jau seniai atgal, atspausdinau viename laikraštyje straipsnį, o po savaitės to laikraščio tuometinis pagrindinis konkurentas tą mano straipsnį perspausdino. Plagiatas?

Jūsų įmonės advokatas parengė jums sutartį. Jūs panaudojate sutartį, pasirašote ją su keliomis įmonėmis. Po kelių mėnesių užmezgate santykius su nauju klientu, kuris... jums atsiunčia tą pačią sutartį, parengtą jūsų advokato. Plagiatas?

Jeigu plagiatas yra, kaip teigia kai kurie Lietuvos mokslininkai, intelektinės nuosavybės teisių pažeidimas, kodėl prokuratūra netiria mokslininkų ir studentų darbų?

Šiuo straipsniu siekiama skaitytojui pakankamai paaiškinti apie autorių teises, kad skaitytojas galėtų geriau suprasti plagiato sąvoką. Pasaulyje, kuriame intelektinė nuosavybė vaidina vis svarbesnį vaidmenį, tai, manyčiau, svarbu kiekvienam verslininkui.

Kontinentinėje teisėje laikoma, kad autorinės teisės, kaip taisyklė, originaliai atsiranda dėka tam tikro fizinio žmogaus „teisinio poelgio." Kitaip sakant, žmogaus-kūrėjo tėvonija automatiškai pasikeičia, pasidaro turtingesnė, kai jis sukuria kūrinį. Laikoma, kad tas sukūrimas yra juridinis faktas, keičiantis tėvoniją. (Tėvonija yra žmogaus turto ir civilinių (ne pilietinių) teisių visuma.) Sukūręs kūrinį, jis turi galimybę jį perduoti kitam asmeniui. Toks perdavimas yra atliekamas juridiniu aktu.

Šiek tiek apibūdinę pagrindinius autorinės teisės elementus, galima klausti, kas yra plagiatas? Plagiatas: autorystės pasisavinimas. Koks santykis tarp šių dviejų sąvokų: plagiato ir autorinių teisių pažeidimo? Ar tai nėra tas pats dalykas?

Yra keli galimi variantai. 1. Plagiatas visada yra autorinių teisių pažeidimas ir autorinių teisių pažeidimas visada yra plagiatas. 2. Plagiatas visad yra autorinių teisių pažeidimas, bet ne visi autorinių teisių pažeidimai yra plagiatas. 3. Autorinių teisių pažeidimas visada yra plagiatas, bet ne visi plagiato atvejai yra autorinių teisių pažeidimai. 4. Plagiatas kartais yra autorinių teisių pažeidimas ir autorinių teisių pažeidimas kartais yra plagiatas.

Teisingas variantas yra ketvirtas. Jį būtų galima pailiustruoti dviem skrituliais, kurie dalinai dengia vienas kitą. Ta dalis, kuri nėra uždengta, yra arba tik plagiatas arba tik autorinių teisių pažeidimas. Ta vieta, kurioje skrituliai dengia vienas kitą, apima tokius atvejus, kurie yra kartu plagiato atvejai ir autorinių teisių pažeidimai. Tokie atvejai, iš tikrųjų, yra reti.

Taigi, kai mano straipsnį perspausdino be leidimo šio laikraščio konkurentas, ar tai buvo plagiatas? Ne. Kodėl tai ne plagiatas? Todėl, kad tie, kurie perspausdino mano straipsnį be leidimo vis dėlto nesisavino jo autorystės: jie nurodė, kad aš straipsnio autorius. Tačiau mano straipsnio neteisėtas perspausdinimas buvo autorinių teisių pažeidimas. Aš, autorius, suteikiau teisę vieną kartą vienam (pirmam) laikraščiui jį spausdinti. Visas kitas teises aš pasilikau. Niekam kitam nesuteikiau jokių teisių. Tai, ką antrieji padarė, pažeidė mano teises; jie panaudojo tai, kas priklauso išimtinai mano tėvonijai. Lengva šiuo atveju matyti, kad plagiatas kaip sąvoka nėra tapati autorinių teisių pažeidimui.

Kitas autorinių teisių pažeidimo atvejis, kuris akivaizdžiai nėra plagiatas: jeigu jūsų kompiuteryje yra neteisėtai (be licencijos) naudojama programa (sakykime, Windows'ai), akivaizdu, kad tai pažeidžia įmonės, platinančios teisėtai šią programą, autorines teises. Tačiau vargiai ar jūs skelbiate, kad būtent jūs esate tos programos autorius. Taigi, vėl, čia autorinių teisių pažeidimas ir ne plagiatas.

Bet, jeigu ne visi autorinių teisių pažeidimai yra plagiatas, galbūt vienok visais atvejais plagiatas yra autorinių teisių pažeidimas? Ne. Kai kurie kūriniai nesaugomi - jie priklauso niekieno tėvonijai. Taip pat, gali būti toks naudojimas, kuris nepažeistų niekieno tėvonijos, tačiau visvien yra plagiatas.

Pavyzdžiui: Pavardaitis savo magistro darbe („tezėje") atkartoja kelias pastraipas iš Lietuvos Aukščiausiojo Teismo nutarties be atitinkamos nuorodos. Pavardaitis nėra pažeidęs kito asmens autorinių teisių kadangi įstatymas nesaugo teismų sprendimų. Tačiau jo poelgis suklaidino skaitytoją dėl autorystės ir dėl to jo akademiškai nesąžininga veika kvalifikuotina kaip plagiatas.

Kitas pavyzdys: Pavardaitis atspausdina visą žymaus Amerikos revoliucijos laikų advokato James Otis straipsnį arba Šekspyro *Hamletą*, nurodydamas save kaip veikalo autorių. Niekas nebeturi jokių autorinių teisių į šių seniai mirusiųjų autorių kūrinius (autorinių teisių į jų kūrinius tiesiog nebėra), tačiau Pavardaitis, pasisavinęs jų kūrinius (tai yra, tų kūrinių autorystę), šiuos autorius yra nuplagijavęs.

Dar kitas pavyzdys: Pavardaitė rašo mokslinį darbą. Ji pažodžiui pakartoja kelis puslapius iš kito asmens darbo.

Pavardaitė nurodo, kad autorius šio teksto ne ji ir autorių įvardina. Pavardaitė cituojamą tekstą toliau analizuoja ir kritikuoja. Ar tai plagiatas? Ne, todėl, kad nesisavino autorystės. Ar tai autorinių teisių pažeidimas? Juk Pavardaitė neturėjo iš kito autoriaus leidimo naudoti jo tekstą. Ne, tai nėra autorinių teisių pažeidimas: yra leidžiama naudoti kito asmens darbą tada, kai jį kritikuoji, analizuoji, apie jį praneši. Ši tarptautiniu mastu pripažinta teisė naudoti kito kūrinį vadinasi *fair use* (sąžiningo naudojimo); idėja yra ta, kad galima naudoti, jeigu tai *sąžininga.*[53]

Dabar galime nagrinėti klausimą, pateiktą šio straipsnio pradžioje. Jūsų įmonės advokatas paruošia sutartį; jūsų įmonė panaudoja sutartį, sudarydama sandorius su keliais savo klientais, o paskiau gauna sutartį iš trečiosios šalies (tik pavadinimai sutartyje pakeisti). Matyt, kažkuris iš klientų yra taip pat panaudoję tą sutartį ir savo versle ir jos naudojimas yra paplitęs. Ar tai plagiatas?

Iš tikrųjų, tai nėra tinkamas klausimas. Tinkamesnis yra, ar jūsų advokato ar galbūt jūsų įmonės autorinės teisės yra pažeistos. Šiaip ... tam, kad būtų plagiatas reikia savintis veikalo (autorinio darbo) autorystę. Todėl šis atvejis neturėtų būti kvalifikuojamas kaip plagiatas; sutartys bendrai nenurodo autoriaus vardo ir sutarties panaudojimas nereiškia, kad saviniesi autorystę.

Tačiau ar autorinės teisės pažeistos? Jeigu veiksmas vyktų JAV ar Prancūzijoje, atsakymas būtų aiškus, o Lietuvoje reikalas keblesnis. JAV autorinių teisių įstatymo atitinkamas

---

[53] *Id.*, 463; P. Bernt Hugenholtz ir Martin R.F. Senftleben, *Fair Use in Europe* (Nov. 14, 2011), *talpinama* SSRN: http://ssrn.com/abstract=1959554 arba http://dx.doi.org/10.2139/ssrn.1959554. (Techniškai, *fair use* doktrina kontinentinėje teisėje yra išreiškiama išimčių sąrašu, o JAV ir Anglijoje vienu bendru principu. Lietuvoje irgi yra analoginės autorinių teisių išmintys.)

straipsnis (17 USC 102) nustato, kad įstatymas saugo „originalius autorinius kūrinius." Į šią kategoriją lengvai įeina sutartys; laikoma, kad sutartys įeina į „naudingųjų" darbų kategoriją (akivaizdu, kad originali sutartis nėra grožinė literatūra). Labai panašiai yra Prancūzijoje, kurioje autorystės kriterijus yra tai, kad darbas būtų *œuvre de l'esprit*, tai yra, proto kūrinys.

Bet Lietuvoje situacija kita. Yra žinomas argumentas, kad įstatymas iš vis nesaugo sutarčių. Autorių teisių ir gretutinių teisių įstatymo 4 straipsnio 1 dalyje nustatoma, kad autorių teisių objektai yra „originalūs literatūros, mokslo ir meno kūriniai, kurie yra kokia nors objektyvia forma išreikštas kūrybinės veiklos rezultatas." Na, sutartis ne literatūra, ne menas: lieka tik mokslas, kadangi akivaizdu, kad sąrašas baigtinis. Tačiau įstatymo 4 straipsnio 3 dalyje mokslo kūriniai apibūdinami šitaip: „mokslinės paskaitos, studijos, monografijos, išvados, mokslo projektai ir projektinė dokumentacija bei kiti mokslo kūriniai". Sunku „pritempti" sutartį, kad ir kaip protingai parašytą, kad ir kiek mokslo reikėjo „išeiti" ją parašyti, prie „mokslo kūrinio." Tačiau taip turėtų būti (t.y., taikant teleologinį įstatymo aiškinimo būdą, kuriame žiūrima į įstatymo tikslą) ir todėl laikytina, kad įstatymas saugo originalias sutartis.

Tada kyla klausimas, kam priklauso autorinės teisės į sutartį? Jeigu advokatas ar bet kuris asmuo, kuris nėra darbuotojas, paruošia sutartį, jis yra jo autorius ir turtinės teisės priklauso jam. Įdomu tai, kad advokatai niekad apie tai nepagalvoja: vėliau paaiškinsime, kodėl. Vienok, kai advokatas nusiunčia savo paruoštą sutartį klientui, kas pereina klientui? Visos turtinės teisės? Ne. Pereina (tiksliau: suteikiama) licencija. (Kaip jau sakiau, apie tai praktiškai niekas negalvoja, kadangi, kaip pamatysime, dėl tam tikrų priežasčių tai nėra reikšminga.)

Kas yra licenzija? Rašau šį straipsniuką kompiuteriu, tiksliau, tam tikra teksto redagavimo programa. Programą esu nusipirkęs, ne? Ne. Šiaip vad. „softo" praktiškai negalima (bent

119

eiliniam vartotojui) nusipirkti: perki tik licenziją tą „softą" naudoti. Tai pagaliau, kas ta licenzija? Geriausias palyginimas: licenzija yra toks leidimas, kai, pavyzdžiui, tėvo leidimas sūnui pasivažinėti automobiliu. Jeigu kas įvažiavo į tą automobilį, tėtis, ne sūnus, turi teisę išieškoti nuostolius iš trečiojo žmogaus, kadangi visos teisės kaip tokios liko tėvo.

(Truputėlį tiksliau: licencija yra atsisakymas teisės iškelti ieškinį. Šiaip, jeigu sukurtas kūrinys yra mano, na, jis mano, ir ne jūsų. Aš žinoma galiu perleisti visas savo teises Jums. Tačiau tokiu atveju, aš nebeturiu į tą programą teisių ir nebegaliu jos pardavinėti. Negaliu dauginti, nieko negaliu. Va. Jeigu tačiau už tam tikrus pinigus aš leidžiu jums naudotis mano programa, aš tebeturiu teisę ją pardavinėti (t.y. kopijas) kitiems, o jūs neturite.)

Su sutartimis yra dar vienas dalykas. Sutartis iš tiesų nėra kompiuterinė programa, nėra grožinė literatūra, nėra straipsnis, nėra meno kūrinys. Parašau knygą, ją atspausdina leidykla, pardavinėja ir iš to uždirba pinigus. Parašau sutartį, klientas ... duoda savo kontrahentui pasirašyti. Kitaip sakant, sutarčių kopijos (teisėtos ar neteisėtos) neparduodamos taip, kaip muzikiniai įrašai, knygos ar laikraščiai. Iš dalies tai yra todėl, kad ... galima nusipirkti anatomijos ir chirurgijos vadovėlį, bet nelabai patartina pačiam bandyti save operuoti; panašiai yra su sutartimi: galima jas iš kažkur gauti, tačiau naudoti be specialisto pagalbos yra rizikinga.

Tačiau pagrindinė priežastis yra ši: nuostoliai. Tai yra, nuostoliai dėl to, kad buvo naudojama kitam priklausanti sutartis (arba, kad dėl neteisėto naudojimo buvo uždirbti tam tikri pinigai, kurie kitaip nebūtų buvę uždirbti). Jeigu nebuvo nuostolių, jų negalima teisme išieškoti. Sutarčių atveju tokių nuostolių nelabai būna. Vėl, kai kurios šalys numato vadinamus įstatyminius nuostolius, kuriuos gali išsiieškoti, net jeigu negali įrodyti tikrųjų, tačiau Lietuva nėra tarp tų šalių ir todėl nėra čia tokios galimybės.

Dar vienas argumentas: advokatams iš tikrųjų nelabai rūpi ar kitos įmonės, ne jų klientai, pasinaudoja jų sutartimis. Advokatai kartais net nemokamai patalpina sutarčių šablonus savo tinklalapiuose. Tai yra todėl, kad sutartys turi būti pritaikytos pagal situaciją. Tie, kurie naudoja šablonus be teisinės pagalbos arba neturi kitos išeities dėl lėšų stokos, labai rizikuoja. Ar jūs suprantate, kas parašyta jūsų sutartyse? Ar jūs suprantate kodėl yra vienaip ir ne kitaip? Ar jūs galite spręsti ar sutartis jūsų atvejui adekvati?

Dabar dėl trečio klausimo, iškelto straipsnio pradžioje. Kodėl prokuratūra nesirūpina dėstytojų arba studentų plagijavimu moksliniuose darbuose? Juk tai, esą, intelektinės nuosavybės pažeidimai ... Na, visų pirma, jau parodėme, kad autorinių teisių pažeidimo sąvoka nėra tapati plagiatui. Tačiau mokslo ir studijų pasaulyje operuoja visai kiti išskaičiavimai. Ten svarbu, ar rašantysis akademinį (mokslinį ar į jį panašų) darbą buvo ar nebuvo sąžiningas, pažeidė ar nepažeidė akademinio sąžiningumo dėsnius.

Apie akademinį sąžiningumą esu parašęs net knygą ... Akademinio nesąžiningumo sąvoka netapati nei plagiatui, nei autorinių teisių pažeidimui. Pavyzdžiui, fabrikacija (sugalvoti, nebūti) tyrimo (eksperimento) rezultatai tai ne plagiatas, bet akivaizdu, kad tai pažeidžia akademinio sąžiningumo dėsnius. Teisėtvarka rūpinasi tiktai tam tikra kategorija autorinių teisių pažeidimų; taip yra visame pasaulyje, ir paprastai nebus taip, kad studentas ar dėstytojas, rašydamas mokslinį ar mokslinio pobūdžio darbą, atsiras teisėtvarkai (policijai, prokuratūrai) rūpimoje kategorijoje.

Taigi, atsakėme į visus klausimus, užduotus straipsnio pradžioje. Kartu peržvelgėme tam tikrus pagrindinius autorių teisių bei plagiato institutų dėsnius, palyginome šiuos du institutus vieną su kitu ir taip pat iš dalies su akademinio sąžiningumo sąvoka. Per palyginimus ir klausimų sprendimus atsiskleidžia teisės grožis, kitaip tai yra tik įstatymų atpasakojimas. Nors sakoma, kad teisė yra socialinis mokslas, yra argumentų, kad tai vis dėlto yra humanitarinis mokslas, o iš tikrųjų tai advokato praktika panaši į medicinos daktaro, kuris padeda žmonėms iškylančius svarbiausius klausimus kiekvieno iš jų gyvenime spręsti ir todėl teisė (taip sakoma) yra labiausiai žmogiškas (humanitarinis) mokslas.

Tarpininkavimas

Apskaitos, audito ir mokesčių aktualijos
2012 m. gruodžio 3 d., pirmadienis, Nr. 46 (718)

TARPININKAVIMAS yra toks naudingas ir paplitęs reiškinys, kad tenka pasukti galvą, kodėl jo nėra tarp vardinių sutarčių Civiliniame kodekse (o kodekse puikuojasi tokie „ypatingai svarbūs" kuriozai, kaip „mokslinių tyrimų" ir „konstravimo" sutartys).

Visų pirma, reikėtų išsiaiškinti kas yra „tarpininkavimas" komerciniame kontekste. Ar tai tas pats, kaip atstovavimas? Ne, ne ir ne. Atstovas yra agentas, t.y., įgaliotinis. Kokią galią paprastai turi toks agentas? Sudaryti sutartį ir įpareigoti atstovaujamąjį ją vykdyti; liaudiškai kalbant, už atstovaujamąjį pasirašyti.

Tarpininkas yra kas kita. Paprastai tarpininkai pagal jų prievolės rūšį skirstomi į dvi rūšis. Tiksliau sakant, abiejų rūšių prievolė yra ta pati: tik apmokėjimo sąlyga skiriasi. Vienos tarpininko rūšies atveju yra apmokama vien už kontaktų perdavimą, o kitu atveju – apmokama tik esant apmokėjimui iš perduoto kontakto.

Tačiau verta pastebėti, kad, kaip ir viskas šiame pasaulyje, yra tarpinių variantų. Kartais tarpininkas padeda paslaugų gavėjui sudaryti sutartį, dalyvauja derybose su kontaktu. Tokiu atveju, tarpininkas jau yra įgaliotinis, atstovas. Tačiau šiame straipsnyje labiau nagrinėjame kitą atvejį - kai tarpininkas tik perduoda kontaktinius duomenis apie potencialų klientą.

Kas yra kontakto perdavimas ir kodėl už tokį dalyką atlyginama at? Už kontakto perdavimą (angl., *contact referral*) yra atlyginama tose verslo srityse, kuriose ieškomi galimi klientai. Dalis vadinamos pardavimų eigos yra sudaryti kontaktus. Neturi kontaktų, nebus pardavimų. (Nebent strategija yra laukti, kad pirkėjai/klientai jus surastų patys).

Kartais siekiant plėstis į naują rinką (vietovę, šalį), įmonės sudaro sutartis su tarpininkais, kurie imasi pristatyti tam tikrą kontaktų skaičių. Kaip jau minėta, kontaktas yra realiai potencialus klientas (paslaugų ar produktų pirkėjas; trečioji šalis, su kuria protingai norėtųsi sudaryti sutartį).

Tokiais atvejais yra normalu, kad tarpininkas gautų savo atlygį vien už kontaktų pristatymą. Vėlgi, kodėl tai normalu? Tie, kurių „biznyje" *kontaktas* yra reikšmingas ir vertingas dalykas, vertina (ir) vien tik jų turėjimą. Galima paminėti, kad, jeigu tarpininko pareiga yra tik perduoti kontaktų sąrašą, tai dažniausiai jis kompensuojamas iš anksto nustatyta suma, ne procentu.

Taip pat yra ir kita tarpininko rūšis. Esant šiai rūšiai, atlygis sumokamas tada, kai kontaktas atlieka apmokėjimą. Norint suprasti, kas čia vyksta, reikia nustatyti dar vieną apibrėžtį: jau žinome, kas yra tarpininkas, jau žinome, kas yra kontaktas, tačiau yra ir tarpininko paslaugų gavėjas. Tai yra tas asmuo, kuriam tarpininkas atskleidžia ar perduoda kontaktus. Paslaugų gavėjas yra tarpininko „užsakovas"; jis apmoka už tarpininko paslaugas.

Taigi, kita tarpininkavimo rūšis yra tada, kai atlygis sumokamas tik tada, kai kontaktas, tapęs paslaugų gavėjo klientu ar kontrahentu, apmoka paslaugų gavėjui. Turėtų būti akivaizdu, kad tarpininkas nedalyvauja sutartyje tarp kontakto ir paslaugų gavėju. Taip pat, tarpininkas negarantuoja, kad kontaktas sutartį vykdys.

Šiame kontekste prasminga palyginti antros rūšies tarpininkavimą su „subranga." Tūlam verslininkui gali kilti klausimas, o kodėl patiems nesudaryti sutarties su kontaktu ir tada perparduoti produktą, pirktą iš trečiojo asmens arba, jeigu sutartis su klientu yra dėl paslaugų, nepasitelkti trečiosios šalies tą paslaugą atlikti. Tokiu atveju, klientas apmokėtų verslininkui, o jis (jo firma) trečiajam asmeniui. Tokiu atveju, tas tretysis asmuo būtų *plačiąja prasme* subrangovas (žinoma, iš tikrųjų tai ne subrangovas - subrangovai egzistuoja tik, kai yra rangos sutartis).

Galima. Viskas galima. Tačiau ne viską tikslinga daryti. Visų pirma, tarpininkavimo atveju tarpininkas neatsako kontaktui, sudariusiam sutartį su tarpininko paslaugų gavėju, už tos sutarties vykdymą. O subrangos atveju - visais atvejais verslininkas, tiesiogiai sudaręs sutartį su klientu, yra visiškai atsakingas.

Yra ir verslo sumetimų. Informacinių technologijų srityje užsakovui/klientui įprasta turėti kontaktą ir, liaudiškai tariant, „dirbti" su paslaugų teikėju vykdant užsakymą, kuriant programą. Akivaizdu, esant tokiai situacijai, tai, kad pats nesi sutartinių prievolių vykdytoju, bus aišku visiems ir paprastai, bent toje verslo srityje, gali kilti nemalonumų su užsakovu. Beje, vėlgi, pats esi atsakingas, o proceso nevaldai.

Antros rūšies tarpininkavimo sutartyse yra, svarbu, kad tarpininkas savo apmokėjimą nesąlygotų sąskaitos išrašymu. Paprasčiau tariant, tarpininkui reikėtų nenaudoti ir prieštarauti apmokėjimo formuluotei, kuri susieja apmokėjimą su sąskaitos išrašymu. Tarpininkui svarbu gauti savo apmokėjimą. Gali būti, kad jis ir nežinos, kad sąskaita išrašyta. Jis sąskaitos negali išrašyti. Šiaip, verta prisiminti, kad sąskaita yra tik prievolės vykdymo pareikalavimas. Taigi, tarpininkas turėtų stengtis, kad sutartyje su paslaugų gavėju pastarasis įsipareigotų tarpininkui apmokėti paprasčiausiai *gavęs apmokėjimą* iš kontakto.

Dažniausiai, tarpininko atlygis už suteiktas paslaugas yra išreiškiamas procentu. Galima numatyti, kad sutartyje nustatytas procentas yra taikomas, nebent šalys (tarpininkas ir jo paslaugų gavėjas) raštu nenusprendžia kitaip.

Dar dėl apmokėjimo: vertėtų numatyti, kad tarpininkui priklauso apmokėjimas iš bruto pajamų (neskaitant, žinoma, surinktų PVM ar kitų mokesčių). Tai paprasta. Kas ne taip paprasta yra tai, kad reikėtų nustatyti, kad tarpininkui nepriklauso apmokėjimas, jeigu prekės grąžinamos arba jeigu kontaktui grąžinami jo dėl paslaugų sumokėti pinigai. Šitie yra itin sudėtingi klausimai, kurių sprendimas priklauso nuo konkrečios situacijos.

Išmintinga nustatyti informacijos apie kontaktą perdavimo būdą, numatant, kad ji pateikiama raštu. Verta pabrėžti, kad kontaktas turi būti protingai realus potencialus paslaugų gavėjo klientas, taip pat, nustatyti, kokia informacija perduotina (e-paštas, telefonas, Skype'as, asmens vardas, pavardė, pareigos). Verta taip pat numatyti, kad informaciją apie kontaktą galima perduoti elektroniniu paštu.

Su kontaktais yra susijusios dvi problemos. Kartais kontaktas jau turimas. Na, ko gero, vien žinoti, kad yra tokio pavadinimo firma neužtenka. Reikėtų nustatyti sutartyje, kad kontaktas jau turimas, jeigu su juo jau vyksta derybos, arba, jeigu kitas tarpininkas jau yra jį pateikęs paslaugų gavėjui. Tokiu atveju, sutartyje turėtų būti numatoma, kad paslaugų gavėjas privalo nedelsdamas apie tai informuoti tarpininką; jeigu neinformuoja, tarpininkui vis dėlto privaloma mokėti jo sutartą atlyginimą. Esant konfliktui (dėl pirmumo) tarp dviejų tarpininkų, galima numatyti, kad šį klausimą vienašališkai spręstų paslaugų gavėjas.

Kita su kontaktu susijusi problema - kada kontaktas jau nebėra kontaktas. Paprastai, turint omenyje tarptautinę praktiką, tarpininkui priklauso jo procentas nuo visų jo paslaugų gavėjo pajamų iš kontakto. Čia kyla dvi problemos: sutartys pasibaigia. Todėl reikia numatyti, kad tarpininkui apmokėjimas priklauso ir pasibaigus sutarčiai.

Antra problema sudėtingesnė. Kada nustoti mokėti tam tarpininkui? T.y., gavai per tarpininką kontaktą, sudarei sutartį. Galbūt ta pati sutartis tęsiasi ilgai, o galbūt sudarai antrą, trečią, penktą sutartį. Ar tarpininkas turėtų gauti apmokėjimą ir po penkerių metų?

Tokiu atveju tik patyręs advokatas galėtų padėti. Sprendimas priklauso daugiau nuo verslo šakos, nei nuo teisės. Galima vienaip padaryti, galima kitaip. Paprastai, nebent konkrečiai įrašyta, kad tarpininkui nustojama mokėti po tam tikro laiko arba po tam tikro įvykio (penktos sutarties, 20 mėnesio ar pan.), tarpininkui paslaugos gavėjas privalo mokėti. Jeigu šis klausimas nesuderintas sutartyje, jis gali tapti aktualus ir sukurti problemų ten, kur būtų buvę galima jų išvengti.

Ar gali būti abipusis tarpininkavimas? Tai yra, ar šalys gali susitarti vienoje sutartyje būti vienas kito tarpininku? Taip, nors žinoma tokia sutartis sudėtingesnė. Tokiu atveju, atsižvelgiant į padėtį, tai viena šalis, tai kita, gali perduodi informaciją apie kontaktą kitai. Tai ypač naudinga, kai šalys teikia panašias, bet ne tapačias, paslaugas. Geriau pelną pasidalyti ir kliento neišleisti iš akiračio ...

Verta nustatyti, kad tarpininkas gali nepristatyti jokių kontaktų (nebent tariamasi dėl kontakto sąrašo), arba kontaktą pasilaikyti sau pačiam. Nebent tarpininkas verčiasi vien tarpininkavimu, gali kilti klausimas, kodėl neperdavė vertingo kontakto, kodėl pats ėmėsi pildyti užsakymą (galbūt su subrangovais), arba kodėl jį perdavė kitai įmonei (tarpininkavo kitai). Mat, paprastai agentas turi lojalumo prievolę ir todėl negali nukreipti protingą verslo galimybę sau. Sutartį reikėtų taip surašyti, kad būtų akivaizdu, kad tarpininkas nėra agentas (atstovas) ir todėl nėra lojalumo prievolės.

Ar tarpininkavimo sutartyje turėtų būti įtraukiami įsipareigojimai dėl konfidencialumo? Abejotina. Paprastai tarpininkas tokios informacijos neturėtų. Žinoma, kai kas dar vis mano, kad bet kokia informacija, net ir dėl kainų, yra konfidenciali, nors tas pačias kainas atskleidžia bet kuriam potencialiam klientui ... Žinoma, atsakymas yra visai kitas, jeigu iš tikrųjų žadama atskleisti tarpininkui svarbią *kainų politikos* ar kitą konfidencialią informaciją.

Kadangi tarpininkavimas gali būti labai veiksminga priemonė verslo plėtrai, todėl praktiškai kiekviena vidutinė ir smulkioji įmonė turėtų turėti savo arsenale gerą tarpininkavimo sutartį. Gera tarpininkavimo sutartis yra ta, kuri atitinka įmonės verslo specifiką.

Programinės įrangos kūrimo sutartys

Apskaitos, audito ir mokesčių aktualijos
2015 m. balandžio 7 d.

ŠIS STRAIPSNIS nėra nei apie atsisiuntimą programos internetu, nei apie licencijas, suteikiančias leidimus veikti su svetimiems priklausiančiomis programomis. Vietoje to, apibūdinsime situaciją, kai viena šalis nori, kad antroji šalis sukurtų pirmai šaliai naują, dar ne-egzistuojančią, kompiuterinę programą.

Tokių sutarčių nerasite Lietuvos civiliniame kodekse tarp išvardintų jame rūšių. Nerasite ir Nyderlandų kodekse, nors jo autoriai planavo skirti tam net visą didelį skirsnį. Gal būtų gerai būtų trumpu skirsniu papildyti Lietuvos civilinį kodeksą, siekiant išvengti besikartojančių ir paplitusių problemų ir nesusipratimų, tačiau ko gero bandyti padaryti ką nors daugiau būtų per sunku - yra labai daug variantų.

Visų pirma, tokios sutartys yra pripažintos Vakarų pasaulyje kaip paslaugų sutartys. Tačiau jos skiriasi nuo eilinių paslaugų sutarčių tuo, kad paslaugų davėjas paprastai turi ne tik *stropiai* teikti paslaugas, bet ir pasiekti tam tikrus *rezultatus*.

Paprastai, įsipareigojimai yra arba stropumo arba rezultato. Įsipareigojimas apmokėti yra įsipareigojimas dėl rezultato - stropus bandymas mokėti nėra paslaugos tinkamas suteikimas. Reikia apmokėti. Kita vertus, gydytojas negali įsipareigoti išgydyti pacientą. Jis gali įsipareigoti tik stropiai (be aplaidumo) stengtis.

Atsižvelgiant į tai, kas išdėstyta pirmiau, galima matyti, kad programinės įrangos sutartys yra tarsi įtampoje tarp šių dviejų idėjų. Todėl programinės įrangos sutarčių struktūros yra sudėtingos. Prie to prisideda ir tai, kad paslaugų davėjas tiesiog negali sukurti tobulos programos. Visos turi trikdžius. O užsakovui mažai naudos iš bandymo sukurti programą, jeigu ji neveikia.

Paprastai ši problema sprendžiama šitaip. Paslaugų davėjas yra laikomas įvykdęs savo prievolę, jeigu jis stropiai kuria programą. Kita šalis tada ją tikrina *ir praneša*, per tam tikrą laiką, ar ji atitinka jau anksčiau tarp šalių sutartus kriterijus. Šiuos kriterijus programuotojai vadina *funkcionalumais*.

Jeigu užsakovas per nustatytą laiką nepadaro reikiamo pranešimo, laikytina, kad paslaugų davėjas tinkamai įvykdė savo prievolę ir jam reikia pilnai apmokėti. Jeigu funkcionalumas nėra įvykdytas, ir jeigu užsakovas apie tai praneša, paslaugų davėjas turi teisę (!) programą pakeisti taip, kad funkcionalumas atsirastų. Prievolės ištaisymo teisė Lietuvos civiliniame kodekse yra teisingai pabrėžiama kaip viena iš esminių sutarčių teisės idėjų.

Kita bėda, kuri gali atsirasti tikrinimo etape, yra esminių trikdžių problema. Tai yra kai programa tiesiog nustoja veikti. Jeigu per tikrinimo laikotarpį buvo esminių trikdžių, paslaugų davėjas privalo juos ištaisyti. Jeigu po patikrinimo laikotarpio atsiranda esminių trikdžių, tai jau kitas reikalas – ar paslaugų davėjui priklauso taisyti nemokamai priklauso nuo to, ar buvo susitarta dėl nemokamo „garantinio" laikotarpio.

Kas būna, jeigu paslaugų davėjas teigia, kad funkcionalumai pasiekti ir trikdžiai ištaisyti, o užsakovas nesutinka? Šalys arba susitars arba teismas turės spręsti, kas teisus.

Tačiau praktika rodo, kad labai dažnai šalys, tiek užsakovai, tieks paslaugų davėjai, nesupranta ir nesilaiko šių logiškų ir praktinių dėsnių. Funkcionalumai sutartyje nėra aiškiai nustatyti. Tikrinimo laikotarpis nenustatytas. Idėja, kad paslaugų davėjas turi teisę ištaisyti prievolę iš viso ignoruojama.

Taip pat, kartais, nepaisant sutarties teksto, užsakovai tiesiog praneša, kad neapmokės, kadangi programa nėra tobula - tačiau ištaisyti neleidžia. Tokiu atveju, įstatymas nustato, kad paslaugų davėjas yra vis dėlto įvykdęs prievolę, kadangi ne jo kaltė, kad neleido ištaisyti.

Žiūrint kiek iš kitos pusės, galima irgi nustebti, kad įmonės, kurios kuria programinę įrangą, pačios nesupranta savo verslo teisinio fono. Jos tiek sutartyse, tiek bendravimu su užsakovais sukuria jiems vaizdą, kad dalykas visai kitas.

Taigi, užsakovai turėtų pasirūpinti, kad funkcionalumai būtų aiškiai įvardinti. Tikrinimo laikotarpis turėtų būti protingai ir aiškiai nustatytas. Taip pat laikotarpis, per kurį paslaugų davėjas turi galimybę ištaisyti programą. Reikia suprasti, kad, nors visada galima būti nepatenkintais programos *kokybe,* tačiau jeigu funkcionalumai pasiekti, paslaugų davėjas yra viską padaręs, dėl ko buvo įsipareigojęs. Taip pat reikia prisiminti, kad tobulų programų nebūna. Reiškia, geriausias kokybės garantas - pastangos, įdėtos išsiaiškinti paslaugų davėjo galimybes ir reputaciją paieškos ir derybų procese.

Kitas klausimas tokiose sutartyse yra susijęs su autorinėmis teisėmis. Labai dažnai šis klausimas sutartyse prastai arba netinkamai sprendžiamas.

Vienas iš ypatingai netinkamų variantų yra rytietiškas, kuriame autorinės teisės pereina aktu po to, kai užsakovas sutinka, kad viskas tvarkoje. Šiame variante užsakovas lyg ir bando apsisaugoti. Tačiau šis būdas itin pavojingas todėl, kad galima perduoti tik tai, ką turi. O jeigu kita įmonė sakys, kad iki perdavimo akto datos paslaugų davėjas perdavė jai (trečiajai šaliai) visas teises? Jeigu taip yra, užsakovas neturi jokių teisių naudotis programa, ir net, tiksliai tariant, galės būti atsakingas trečiajai šaliai dėl jos neteisėto naudojimo.

Tačiau praktiškesnė bėda - protingas investuotojas, norintis investuoti į užsakovo įmonę, pastebės, kad nėra aišku, kad įmonė tikrai turi teises į programą, kurią naudoja arba kurią siekia perparduoti, kadangi užsakovo įmonė neįrodys, kad paslaugų davėjas teisių kitam neperdavė iki perdavimo užsakovui - neigiamybės negalima įrodyti.

Normalesnis variantas yra tas, kuriame sutartis nustato, kad visos autorinės teisės į programą ar jos dalį pereina užsakovui automatiškai nuo sukūrimo momento. Užsakovo teisės tokiu atveju *negali būti* kompromituojamos. Paslaugų davėjas, tačiau, turi būti atsargus, jeigu nori irgi turėti tam tikras teises. Tokiu atveju sutartyje gali būti numatyta, kad paslaugų davėjas gauna vienokios ar kitokios apimties *licenciją*.

Kitas svarbus klausimas yra dėl apmokėjimo. Šiaip, už paslaugą reikia sumokėti tik ją gavus. Tačiau beveik visad programinės įrangos kūrimo sutartyse yra numatomi avansiniai mokėjimai. Svarbesnis klausimas yra dėl apmokėjimo modelio.

Viename modelyje yra apmokėjimas pagal išdirbtas valandas. Tokiu atveju, tačiau, paslaugų davėjas vargiai ar yra skatinamas greičiau ir efektyviau dirbti, todėl sakoma, kad šis variantas - užsakovo rizika. Tačiau kita vertus šis modelis turi didelį privalumą - praktika rodo, kad užsakovas dažnai nori keisti funkcionalumus programos kūrimo eigoje, o šiame modelyje tai nesudaro problemų, kadangi užsakovas tiesiog sumoka už papildomą darbą pagal jau nustatytus valandinius įkainius.

Kitame modelyje kaina už visą projektą yra jau nustatyta iš anksto, neatsižvelgiant į išdirbtas valandas ar darbo kiekį. Nustatytos kainos (angl., *fixed price*) modelyje akivaizdu, kad rizika, kad bus sunkiau parašyti programą, negu buvo numatyta - ir to pasėkoje daugiau kainuos - priklauso paslaugų davėjui. Šis modelis itin populiarus Lietuvoje.

Nustatytos kainos modelio silpnybė yra tai, kad realiame pasaulyje labai sunku iš anksto numatyti kiek išlaidų (kiek darbo) turės paslaugų davėjas, kuris juk turi kurti to, ko dar nėra buvę. Literatūroje kartais net šaipomasi iš idėjos, kad iš viso tai galima numatyti, ypač atsižvelgiant į tai, kad užsakovas labai dažnai nori kažką keisti eigoje.

Deja, nustatytos kainos modelis kenkia ir užsakovo interesams. Šis modelis neskatina paslaugų davėjo dirbti kokybiškai. Jis skatinamas taupyti išlaidas. Tipiškai tokie užsakymai nėra užbaigiami laiku (imama dirbti prie kitų pelningesnių projektų).

Yra ir daugybė modelių, kurie vienaip ar kitaip maišo šių dviejų modelių elementus. Pavyzdžiui, galima susitarti dėl nustatytos kainos. Tačiau, jeigu paslaugų davėjui pavyksta sukurti programą su mažesniu valandų skaičiumi, negu buvo numatyta sutartyje, užsakovas sumoka jam tam tikrą procentą (apie 50 ar 60 proc.) už kiekvieną sutaupytą valandą.

Tie pinigai - užsakovui grynas pelnas: paprastai, pelnas šiame versle siekia 15 procentų, o čia be išlaidų jis gauna daug kartų daugiau. Todėl jis skatinamas taupyti laiką.Tačiau, reikia paminėti, kad šiam modeliui būtų būdingas pirmojo modelio trūkumas, susijęs su kokybe..

Tačiau šiame modelyje yra dar ir kitas elementas. Jeigu paslaugų davėjo išlaidos viršija nustatytą kainą, jam užsakovas moka papildomai už tas valandas, tačiau mažesniu tarifu. Tipiškai šis tarifas siekia 85 procentų sutartyje nustatytų valandinių įkainių. Tokiais atvejais, paslaugų davėjas, nors pelno nebėrealizuos, nebus skatinamas dirbti atsainiai ir, kas galbūt svarbiausia, užsakovas gaus tai, ko norėjo - be reikalo taisyti, laiku, ir, ko gero, su norimais pakeitimais. Tokie variantai Lietuvoje, deja, labai retai naudojami.

Tarp kitų dalykų, kurie turėtų būti programinės įrangos užsakymo sutartyse, yra tam tikros nuostatos apie nuostolius. Galiu pasakyti, kad labai retai aptinku Lietuvoje naudojamose sutartyse teisingai suformuluotas nuostatas. Matyt, yra mentaliteto problema.

Manau, kad reikia įsidėmėti, kad kai šalis įsipareigoja sutartimi atlikti prievolę, tam tikrą veiksmą, yra akivaizdu, kad neatlikus prievolės bus tai kitai šaliai pasekmės ir, ko gero, ji patirs nuostolius. Tačiau Vakarų pasaulyje jau tris šimtus metų vyrauja prancūzo mokslininko Robert Joseph Pothier idėja, kad vis dėlto tokie nuostoliai limituojami – šalis atsako tik už tuos nuostolius, kurie buvo protingai numatomi *sutarties sudarymo metu*.

Rašau šį straipsnį kompiuterinės įrangos pagalba. Akivaizdu, kad bendrovė, kuri sukūrė mano naudojamą programą neturėtų atsakyti už nuostolius, kuriuos aš patirčiau dėl to, kad programa užstrigo ir dingo mano rašinys. Antraip bendrovė bankrutuotų.

Panašiai yra su programavimo paslaugomis besiverčiančiomis įmonėmis. Todėl, jeigu teisingai suformuluotos nuostatos, susijusios su nuostoliais, jos nuostoliams nustato ribą, kuri pagrįsta išlaidų, reikalingų netobulai paruoštai programai ištaisyti, kaina, bet kartu atsižvelgia į normalų sutarties pelningumą šioje srityje. Pasaulyje sutartyse dėl kompiuterinės įrangos kūrimo nuostoliai paprastai limituojami tam tikru procentu nuo sutarties vertės, kadangi, apart kitų jau išvardintų priežasčių, programinę įrangą kuriančios įmonės neturės galimybės pilnai kompensuoti už prarastas pajamas.[54]

Kaip deja yra Lietuvoje? Dažniausiai apie nuostolių ribojimą sutartyje nėra nei žodžio. Arba dar blogiau – esu matęs sutartis, kurios apriboja paslaugų davėjo galimybę išsireikalauti *delspinigius* ir palūkanas už vėlavimą. Kaip turėtų būti? Tam, kad nekiltų nepagrįsti lūkesčiai, sutartis turėtų aiškiai numatyti, kad paslaugų davėjas neatsako už tokius dalykus, kaip pavyzdžiui, prarastą galimybę uždirbti pelną, arba atsako bent jau tik iki tam tikro procento nuo sutarties kainos, kas būtų tolygu programos taisymui.

Yra kitų problemų, susijusių su realia praktika Lietuvoje. Faktiškai vyrauja idėja, kad teisėta pasilaikyti ir naudoti programą, todėl, kad nepasiektas vienas iš sutartų funkcionalumų ir, kad nereikia už ją apmokėti. Tokios teisės taisyklės nėra - net dėl programos, kuri nebūtų įgyvendinusi visų funkcionalumų tektų apmokėti už gautą naudą, kas paprastai laikoma tolygu paslaugų davėjo išlaidoms. (Antraip užsakovas nepagrįstai pasipelnytų - gautų programą, kuri galbūt netobula, bet veikia, už dyką arba pusvelčiui).

Sutartys atspindi žmonių viltis, o ypač jų baimes. Sėkmingiausios sutartys yra tos, kurios ne tik yra skaidrios, bet kurios nukreipia šalis į jų tikrąjį interesą, kuriose yra mechanizmai, kurie palaiko tarp šalių bendradarbiavimo stiprinimą ir pasitikėjimą bei jų nekiršina. Būtų gerai, kad mažiau šalys šiame versle siektų išpešti kuo didžiausią naudą sau, o suprastų, kad didžiausia nauda sau nepasiekiama neatsižvelgus į kitos šalies ne tik teisėtus, bet ir pagrįstus lūkesčius ir galimybes. Rašau, tikėdamas, kad galbūt šiuo straipsniu prisidedu prie tokio proceso.

---

[54] CLASSEN, *supra* išn. 27.

Komisas

Apskaita ir kontrolė
1997 m. lapkričio 19 d.

2015 M. PRIERAŠAS.

Šis straipsnis skaitytojui siekia išryškinti komiso esmę. Tai žinoma ne blogas siekis, ypač knygai apie verslo teisę. Tačiau redaguodamas straipsnį šiai knygai man paaiškėjo, kad straipsnis atlieka ir kitą, galbūt svarbesnę, funkciją. Straipsnis atskleižia nenormalų, liguistą, bet stipriai įsišaknijusį fenomeną, kuris pasireiškia tame, kad ministerijos dažnai elgiasi ne kaip žmonių atstovų, t.y., parlamento, sprendimų vykdytojai o kaip bizantijos feodalo nepažabojami patikėtiniai.

Matote, tuomet (1997 m.) buvau girdėjęs iš mokesčių inspekcijos tarnautojų, su kuriais bendravau įvairiose darbo grupėse ir pan., kad VMI ketina uždrausti civilinės teisės institutą - komisą. Kas stebina yra, kad jie buvo įsitikinę, kad jie šitaip gali ir net privalo elgtis. Civilinį institutą uždrausti! Jie, be jokio seimo, niekieno neatsiklausę. Ilgainiui net mačiau, kad buvo toks parengtas komisą draudžiantis projektas: deja, jo neberandu savo archyve.

137

Šiame straipsnyje bandysiu atskleisti komiso esmę, kadangi neseniai teko girdėti pakankamai keistų pasisakymų iš mokesčių inspekcijos apie komisinę prekybą, kurių galbūt netektų girdėti, jei komisas bendrai būtų geriau suprantamas Lietuvoje.

Komisą reglamentuoja 1964 m. Civilinio kodekso 406 – 422 straipsniai. Nors jie buvo parašyti sovietiniu laikotarpiu, jie yra pakankamai normalūs.

Komisas yra dalis įgaliotinio teisenos srities.[55] Komisionierius (angl. *commission agent (t.p. commission merchant)*, pranc. *commissionaire*) taip vadinamas, nes jis gavo *komisiją* (pavedimą, įgaliojimą) atlikti tam tikrus ypatingus veiksmus .

Komisas kaip institutas priklauso komercinei teisei, ne civilinei.[56] Tam tikrose šalyse, kaip antai Prancūzijoje, komiso sutartys yra teismingos specializuotiems komerciniams teismams (pranc., *tribunaux de commerce*).[57]

Komiso veikloje gali būti tokie dalykai kaip skolų supirkinėjimai, pardavimai aukcione ir t.t. (Manau, kad iš esmės skolų išieškojimų biurai Lietuvoje veikia pagal komiso sutartis; šiaip, galima taip pat *supirkti* reikalavimus. (JAV skolų išieškojimo biurai veikia tik tokiu būdu; ten skolų išieškojimas pavedimo/komiso būdu nėra praktikuojamas.) Komiso institutas taip pat taikomas paslaugoms, pavyzdžiui, reklamos agentūrų veiklai ir transporto ekspedicijos firmoms.[58]

---

[55] D. J. Hill, *The Commission Merchant at Common Law*, 31 The Modern L. Rev. 623, 623 (1968).

[56] Arnaud Moquin, *Commercial Agency Contract: France* § 3.1, http://www. e-iure.com/agency/2007/france.pdf (tikrinta 2010.08.18); ALAIN BÉNABENT, DROIT CIVIL §§ 698-697 (6ᵉ ed., Montchristien 2004).

[57] Bénabent, *id*. Tai specializuotas, pirmos instancijos teismas.

[58] *Id.*

Teisybė, kad kai kuriose valstybėse, kaip Lietuvoje ir JAV, yra dar kita ekonominė forma, vadinama komisu. Tai yra tada, kai gyventojas prekę, dažniausiai vartotą namų apyvokos daiktą, atiduoda „komiso" parduotuvei tą prekę parduoti tretiems asmenims. Ši forma Lietuvoje buvo žinoma sovietinės okupacijos metu ir ko gero vien tik dėl tų vartotų namų apyvokos daiktų atsikratymo ir buvo naudojama. Įdomu tai, kad Lietuvoje niekad nebuvo pagalvota apsaugoti komitentą (atiduodantį prekę asmenį-gyventoją), kaip tai yra Teksase ir kitose JAV valstijose, kur komiso parduotuvės, priimančios tokias prekes iš gyventojų, privalo sumokėti valstybei tam tikrą užstatą-garantą, iš kurio gali būti atskaitoma, jeigu parduotuvė, realizavus prekę, įstatymo nustatytu laiku nesumoka prekę pateikusiam gyventojui ...[59]

Iš viso to reikia suprasti, kad ... komiso sutartys Vakarų Europoje yra normalus ir net ganėtinai paplitęs reiškinys, t.y., jos svarbios komercinėje veikloje. Komisas yra reikšmingas komercijai ir verslui; komiso kaip instituto tikslas nėra vien suteikti gyventojams galimybę atsikratyti savo senų daiktų.

Kartais didelės įmonės organizuoja savo verslą komiso būdu, ypač kai gamintojas siekia savo prekes realizuoti svetimoje valstybėje arba kai galvojama, kad tam tikram verslui geriau kai dileris savo kapitalo nerizikuoja pirkdamas prekes juos perparduoti.

Komisą tačiau taip pat naudoja mažosios įmonės ir atskirieji amatininkai, kurie pateikia savo laisvalaikio ar ne laisvalaikio metu pagamintus nebrangius dailės dirbinius (juostas, drožinius, marškinėlius) parduotuvėms.

Komisas nuo paprasto įgaliojimo skiriasi tuo, kad santykiuose su trečiasiais asmenimis komiso kaip ir nėra. (Įgaliojimo atveju reikia skirti kelis atskirus santykius: visų

---

[59] Texas Occupations Code § 1801.51.

pirma, santykį tarp įgaliotinio ir įgaliojimo davėjo/atstovaujamojo asmens ir, antra, santykį tarp pastarųjų ir trečiųjų asmenų.)

Praktiškai visais atvejais komisionierius trečiųjų asmenų atžvilgiu traktuojamas taip, kad lyg tai nebūtų jokio komitento (jį įgaliojusio asmens). Pavyzdžiui, parduotuvė, pardavusi komiso pagrindu daiktą, pirkėjui yra atsakinga lyg tai ji būtų buvusi tos prekės savininkė. Komitentas (suteikusi įgaliojimą įmonė, perdavusi daiktus šalis) nėra atsakingas tretiems asmenims.[60]

Čia ir yra esminis dalykas. Komiso sutarties pagrindu veikiantis pavedimą gavęs agentas (komisionierius) veikia *savo vardu*. Bet ne tik tiek: trečiųjų asmenų atžvilgiu yra, kaip jau buvo minėta, taip, lyg praktiškai nebūtų jokio įgaliotinio. Tai skiriasi nuo paprasto įgaliojimo, kur atstovaujamasis įgyja teises ir pareigas (o ne jo įgaliotinis). Tai taip pat skiriasi nuo neatskleisto atstovavimo, kai teises ir pareigas įgyja atstovaujamasis asmuo, nors jo agentas-įgaliotinis veikė savo vardu.[61] Palyginimui – komisionierius visuomet veikia savo vardu ir tik jis įgyja teises ir pareigas pagal sutartis su trečiaisiais asmenimis.

Komisionierius ir komitentas tarpusavyje turi ganėtinai sudėtingas teises, kai tai susiję su pinigais ar daiktais, kurie buvo įgyti vykdant pavedimą. Komisionierius taip pat turi tam tikras teises atskaityti sau atlyginimą iš gautų pinigų. Šiame straipsnyje nežadu išsamiai apžvelgti jų teises, susijusias su gautu apmokėjimu arba prekėmis. Galiu pasakyti, kad man atrodo, kad LR CK nuostatos, reglamentuojančios komitento ir komisionieriaus tarpusavio santykius, ypač susijusius su teisėmis

---

[60] Bénabent, *supra* išn. 56; LR CK 6.780 str. 2 d. Todėl nevisiškai teisinga teigti, kaip buvo teigiama 1964 m. CK, kad komisionierius veikia komitento sąskaita.

[61] LR Civilinio kodekso 2.133 str. 3 d.

į pinigus ar daiktus, gautus vykdant pavedimą, yra, švelniai tariant, problematiškos palyginus su tarptautine praktika.

Trumpai tariant, komiso pagrindiniai elementai yra šie:

viena šalis suteikia kitai šaliai tam tikrą pavedimą;

pavedimą gavusiai šaliai yra pavesta sudaryti tam tikrus sandorius su trečiaisiais asmenimis;

sandoriai su trečiaisiais asmenimis yra sudaromi pavedimą gavusios šalies vardu ir pavedimą davusi šalis neįgauna teisių pagal šiuos sandorius;

prekės gali būti perduodamos pagal pavedimą, kurio atveju pavedimą gavusi šalis turi teisę jas parduoti savo vardu, nors tos prekės nėra jos nuosavybė;

pajamos ar turtas, kurie įgyjami pagal šiuos sandorius yra pavedimą davusios šalies nuosavybė (kai kuriose šalyse ši nuostata yra taikoma itin komplikuotai).

Galima matyti, kad komisas, nors yra įgaliojimo teisės dalis, yra vienas iš tų atvejų, kai pavedimą gavusi šalis nėra kitos šalies atstovė; nėra atstovavimo (pranc., *mandat sans représentation*).

Čia galima stabtelti ir paminėti, kad 2001 m. LR Civiliniame kodekse yra ... na, anksčiau būčiau švelniau pasakęs, bet dabar reikia atviriau kalbėti, kažkas visiškai nevykusio jame pateiktame komiso apibūdiname. Tai labiau paaiškėja palyginus su prancūzų kodeksu. Prancūzai komisą savo kodekse apibūdina šitaip: *Komisiją gavę agentai yra asmenys kurie veikia savo vardu arba firmos vardu dėl juos įgaliojusios šalies.*[62] O LR CK (6.780 str. 1 d.) iš esmės atkartoja tą patį bet dar priduria kelis nevykusius žodžius: *Komiso sutartimi viena šalis (komisionierius) įsipareigoja kitos šalies*

---

[62] Prancūzijos komercinis kodeksas § L132-1 (aut. vert).

(komitento) pavedimu už atlyginimą sudaryti vieną ar kelis sandorius savo vardu, bet komitento lėšomis. Tiesiog nėra teisybė, kad visuomet komiso agentas veikia komitento lėšomis. Jis gali avansuoti savo lėšas, jas naudoti. Jis gali parduoti komitento turtą, o turtas vis dėlto netapatus sąvokai „lėšos". Beje, kaip jau minėta, komisionierius atsako tretiesiems.

Toliau šiame straipsnyje aprašysiu paprasčiausią komiso modelį: kai įmonė A perduoda (*perduoda*, ne parduoda) savo prekes įmonei B, kad įmonė B jas parduotų tretiems asmenims.

Perdavimas nėra pardavimas. Aš galiu savo prekes perduoti bet kam. Galiu jas užkasti. Galiu išsiųsti savo prekes raketa į mėnulį. Tiktai nepatyręs buhalteris galėtų prasimanyti, kad prekių perdavimas pagal komiso sutartį yra kažkoks paslėptas pardavimas. 1997 m. spalio 29 d. *Apskaitos ir kontrolės* numeryje Algirdas Drevinskas labai mandagiai sukritikuoja tokią nuostatą, aptiktą FMI ir Finansų ministerijos metodinėje medžiagoje „*Pridėtinės vertes mokestis*" (1996, Vilnius). Aš nebūčiau buvęs toks švelnus.

Taigi pirmas reikalavimas: iš komiso sutarties turi būti aišku, kad prekės yra perduodamos, o ne parduodamos: komitentas *perduoda* prekes komisionieriui. Išvada: turtas, kurį komisionierius gauna iš komitento, yra komitento nuosavybė. Kita išvada: komisionierius yra atsakingas už komitento perduotą turtą. Tai yra logiška. Juk komisionierius jį turi, jį valdo. Sutartis turėtų nustatyti laiką, po kurio, nepardavus, komisionierius grąžina prekes. Galima taip pat sulygti, kad komisionierius tą turtą apdraustų.

Praktikoje daug parduotuvių ir komitentų naudoja ar bando naudoti visiškai netinkamas komiso sutartis. Viena jų, iš didelės parduotuvės Lietuvoje, guli man ant stalo prieš akis. Ten daugelis sąvokų supainiota: tiekimas, pirkimas. Yra sakinys: „PVM mokesčius sumoka Tiekėjas." Na tai gerai, o parduotuvė nieko nesumoka? Yra absurdas nustatyti, kas moka mokesčius. Įstatymai nustato, kas moka ir kiek moka. Jeigu viena įmonė už kitą apmokėtų mokesčius, antroji gautų pajamų – ir tai būtų apmokestinama.

Iš tiesų, labai blogai, kai įmonės nenori mokėti normalių pinigų teisininkams, kad jie parašytų geras sutartis. (Suponuojama, kad yra gerų teisininkų). Tada ir susidaro neprognozuojama situacija, prasta sutartis tiesiog programuoja vėlesnius nesusipratimus, ir mokesčių inspekciją galima ir užjausti. Apart kitko, ką mokesčių inspekcijai daryti, kai iš tikrųjų neaišku, ar sutartis komisinė, ar ne? Jei bendras sutarčių lygis butu aukštesnis, mokesčių inspekcija irgi (ko gero) kitaip žiūrėtų į šį reikalą.

Bent jau būtų jai sunkiau prikibti.

Gana filosofijos. Šviesiai tiesiai pasakysiu, kaip viskas turėtų veikti – ar galėtų, jei toks būtų noras.

Įmonė A, komitentas, sudaro gerai paruoštą komiso sutartį (kurioje visi esminiai punktai yra aptariami – susiraskite teisininką) su įmone B, komisionieriumi. Perduodama prekes įmonė A išrašo ne sąskaita faktūrą, bet važtaraštį.

(Iš tikrųjų, reikia pripažinti, kad šito dokumento pavadinimas turėtų būti *faktūra*. Faktūra normalioje lietuvių kalboje yra tiesiog prekių sąrašas. Tačiau viskas buvo sudarkyta, kai buvo įvestos numeruotos, valstybės sankcionuotos „sąskaitos-faktūros," kurias privalėjome pirkti ir naudoti. Jos išgaravo Lietuvai įstojus į Europos Sąjungą ...)

Važtaraštyje yra surašomos visos prekės, kurios perduodamos kartu su jų kainomis, t. y. kiek pinigų įmone B, pardavus preke, turi grąžinti įmonei A. Įmonė B gali uždėti bet kokį prekybinį antkainį – tai jos reikalas.

Tada viskas vyksta paprastai. Įmonė B parduoda tam tikrą prekę, tarkime, už 100 Lt. Ji traktuoja tuos 100 Lt taip pat, lyg ji būtų pardavusi savo prekę. T.y. ji išrašo pirkėjui atitinkamus dokumentus ir paima iš jo PVM mokestį. Ji traktuoja tuos pinigus (kas susiję su mokesčiais) lygiai taip pat, lyg ta prekė jai priklausytų. Jeigu ji gavo pelno, ji mokės mokesčius, kaip kad ir nuo viso kito pelno.

Sutartyje yra numatyta, kad kas mėnesį (ar pan.) įmonė B (komisionierius) praneša įmonei A (komitentui), kiek prekių įmonė B pardavė. Tai yra laisvos formos komunikacija. Įmonė A (komitentas) tada išrašo įmonės B (komisionieriui) sąskaitą faktūrą dėl tų prekių pagal tą laisvos formos komunikaciją. Sąskaitoje faktūroje normaliai suskaičiuotas PVM (t.y., joje pažymėta pardavimo kaina plius PVM, kaip kad ir visais kitais atvejais). Jeigu įmonė A gavo pelno, ji moka atitinkamą mokestį.

Neparduotos prekės fiziškai grąžinamos komitentui. Sutartis turėtų būti atsargiai parašyta, kad tai nesusipainiotų su panašiu atveju pirkimo – pardavimo teises srityje, kai pardavėjas įsipareigoja atsiimti prekę, parduotą parduotuvėje, kurios parduotuvė neįstengė parduoti per tam tikra laiko tarpą.

Dėl atskirų komiso sutarties reikalavimų: prašyčiau suprasti, kad tai, kad sutartis yra pavadinta vienaip ar kitaip, mažai ką reiškia. Reikia saugotis. Yra pakankamai lengva supainioti teisines normas taip, kad nors buvo norima turėti komiso sutartį, iš tikrųjų buvo pasirašyta pirkimo sutartis. Ir tada iškyla aibė problemų, taip pat ir su mokesčiais.

Pirmiau išdėstyta schema (jų yra kitų) yra lengvai suprantama, ir išvengiama dirbtinų problemų dėl PVM ir mokesčių. Negali būti, kaip neseniai (1997 10 29) buvo rašoma *Apskaitoje ir kontrolėje*, kad galėtų būti kažkoks pasiskirstymas PVM mokesčio tarp komitento ir komisionieriaus. Tai absurdas. Pagal mano schemą, viskas visiems turėtų būti aišku.

Dar savo malonumui galima pasižiūrėti į tam tikrą VMI kamavusią problemą (nors, man regis, ta problema dirbtina). Ji susijusi su gyventojais, atiduodančiais savo vartotus namų apyvokos daiktus komiso parduotuvėms. Iš tikrųjų, jokios problemos neturėtų būti: parduotuvė parduoda prekes už kainą plius PVM ir perveda tą PVM valstybei. Retai būtų, kad gyventojas yra PVM mokėtojas, o jeigu taip būtų, irgi nebūtų problemos, kadangi jis, kai prekė parduota, parašytų sąskaitą parduotuvei kartu su PVM. Kitaip sakant, toks gyventojas šiuo atžvilgiu veiktų kaip įmonė. Tačiau buvo galvota kitaip: štai 1995 m. vasario 24 d. Vyriausybės nutarime Nr. 280 (kuris galiojo iki 2002 m.) rasime šitą straipsnį:

1.4. specialios komiso parduotuvės (komiso parduotuvių skyriai, atskirai tvarkantys apskaitą), kurios prekiauja supirktais iš Lietuvos Respublikos gyventojų naudotais daiktais, pardavusios juos, apskaičiuoja mokėtiną į biudžetą PVM - 15,25 procento pardavimo kainos, įtraukdamos į atskaitą SĄLYGINĮ PVM, kuris sudaro 15,25 procento pirkimo (priėmimo) kainos.

Ši bereikalinga nuostata sukėlė aibę problemų. Visų pirma, švelniai tariant, nelabai valstybė turėtų liepti piliečiams traukti į apskaitą „sąlyginius" arba mistinius skaičius. Matyt, idėja buvo ta, kad parduotuvė surenka iš pirkėjo PVM tik dėl savo antkainio, o ne dėl visos pirkėjo sumokamos kainos.[63] Tačiau tai gerokai apsunkina apskaitą – gali būti, kad iki tokio lygio, kad nebeapsimoka imtis šia veikla. Spėjamai, buvo galvojama, kad pilietis jau yra apmokėjęs PVM įgydamas tą prekę ...

Kaip jau aiškinau, nėra dėl ko nerimauti. Parduotuvė turėtų tiesiog taikyti mokestį visai kainai.

(Žinoma, turėtų būti pasirūpinta, kad tokiems sandoriams yra taikomas gerokai sumažintas tarifas.)

---

[63] *Žr. t.p. P.v.m. apskaičiavimo ir mokėjimo instr.* Fin. min. 1994 m. bal. 20 d. įsak. Nr. 58, 11 str. 2 d., t.p. 5.3 str. 2 d. (neteko galios 2002 m.) (Vėliau Vyriausybės nutarimas buvo papildytas taip, kad būtų aišku, kad komiso parduotuvė taiko PVM tik savo antkainiui. Be šitos nuostatos buvo dar kita galimybė: kad komiso parduotuvė apskaičiuoja PVM nuo visos pardavimo sumos, tačiau perveda biudžetui tik tą dalį, kuris priskirtinas parduotuvės antkainiui. Tokiu atveju neaišku, kas darytina su likusiais pinigais.)

Girdėjau (1997 m.) aimanų iš mokesčių inspektorių, kad esą komisinė veikla atideda, jei nepaslepia, mokesčius. Vienas Finansų misterijos tarnautojas sakė, kad jam ar jai atrodo, kad, jeigu įmonė komiso pagrindu perduoda pieną kitai įmonei, pastaroji neturėtų mokėti mažiau *pelno* mokesčio. Tai yra absurdas. Pirma, pienas nelabai gali būti komiso sutarties objektu, nes jis genda. Niekas neįsipareigotų jo atsiimti. Lygiai taip pat, parduotuvė nebūtų skatinama tiksliai numatyti kiek reikia užsakyti pieno. Kadangi visa rizika dėl neišparduotų produktų tektų pieninei, parduotuvė nenukentėtų, jeigu neatsakingai užsakinėtų. Pienas nėra toks produktas, kuris paprastai būtų teikiamas komiso pagrindu. Bet, vienok, kad ir būtų. Tai šalių reikalas.

Antra, įmonei priskiriama tiek pelno, kiek ji uždirbo. Jeigu įmonė BBB pirktų daiktą X už 80 Lt ir parduotų už 100 Lt, jai būtų priskirtina 100 Lt pelno. Jei ji neturėtų kitų sąnaudų, ji mokėtų mokesčius nuo 20 Lt. Jeigu įmonė BBB daiktus pagal komiso sutartį parduotų už 100 Lt, ir tada sumokėtų komitentui 80 Lt, tai ji vis vien mokėtų mokesčius nuo 20 Lt.

Ak, bet jūs sakote, vis dėlto komiso atveju PVM mokesčio sumokėjimas būtų atidėtas. Taip. Reikia pripažinti, kad iš principo PVM sumokėjimas galėtų būti bent dalinai atidėtas.

Tačiau čia būtina prisiminti, kad yra kitas, į komisą, panašus institutas, kuris yra dažnai vartojamas ir apie kurį reikia pagalvoti PVM atidėjimo klausimu. Šis į komisą šiek tiek panašus institutas vadinamas *pardavimu su įsipareigojimu supirkti atgal*.

Kaip veikia *pardavimas su įsipareigojimu supirkti atgal*? Vadinasi, parduodate 1000 vienetų. Pirkėjas perparduoda 75. Jums reikia pirkėjui pareikalavus nupirkti iš jo likusius 25. Tokiu atveju valstybei tektų grąžinti jau sumokėtą PVM. Ar tai geriau? Vienaip ar kitaip, reikia suprasti, kad žmonės per savo įmones turi teisę organizuoti savo verslą šitais būdais. Verta pabrėžti, kad esame piliečiai o ne zekai.

Komisas, kaip matome, yra sudėtingas įgaliojimo teisės institutas. Išties, reikia pripažinti, kad jis yra ganėtinai keistas. Juk komisionierius atlieka vienokius ar kitokius veiksmus kito asmens (komitento) sąskaita ar turtu, tačiau tas kitas asmuo neįgauna teisių pagal komisionieriaus sudarytus sandorius su trečiaisiais asmenimis, kas paprastai atsitinka įgaliotinių teisėje. Pirkėjui atrodo, kad perka daiktą iš jo savininko (pardavėjo, komisionieriaus), *tačiau taip nėra*, kadangi prekė priklauso komitentui.

Gal finansų ministerijai dėl tų įdomių dalykų komisas tikrai atrodė kaip draustina juodoji magija. Tačiau tie komplikuoti teisiniai santykiai yra kartu žmogiški ir gražūs. Teisingai suprastas, komiso institutas irgi yra gražus ir tikrai ne juodosios magijos produktas!*

---

* Šis straipsnis buvo ganėtinai teigiamai minimas hab. dr. Boriso Šapyro straipsnyje *Apie komisą*, Apskaitos, audito ir mokesčių aktualijos Nr. 1 (1) 1998 m. sausio 7 d.

Ką turime žinoti apie bendroves

Apskaitos, audito ir mokesčių aktualijos
2010 m. liepos 26 d., pirmadienis, Nr. 28 (604)

ŠIO STRAIPSNIO tikslas – suteikti verslininkams ir buhalteriams pagrindines žinias apie bendroves, sudaryti galimybę pasitikrinti esamas žinias ir įgyti kiek gilesnį supratimą.

Bendrovė yra juridinis asmuo. Tai reiškia, kad mes – o labiausiai teismai, teisinė sistema – pripažįsta tam tikrą fikciją. Fikcija, kadangi iš tikrųjų nėra jokių juridinių asmenų. Yra tik žmonės, kaip jūs ir aš. Tačiau *teismuose* bus elgiamasi lyg tai ta netikra, žmonių sugalvota konstrukcija, egzistuotų ir ne tik egzistuotų, bet ir būtų beveik toks pats žmogus ar asmuo, kaip mes, gyvi žmonės.

Ar tai blogai? Ne. Bent jau dažniausiai tai yra laikoma labai naudinga fikcija.

Šios fikcijos tikslas yra sudaryti sąlygas, kad daug žmonių galėtų sudėti dalį savo pinigų į tam tikrą verslą, tačiau nebūtų atsakingi už galimus verslo nuostolius savo likusiu turtu. Mat, yra pasitvirtinusi idėja, kad, jeigu nesi asmeniškai atsakingas savo kišene, tai skatina tave padaryti tą investiciją, o, jeigu yra daug investuotojų, gali būti sukauptas ganėtinai didelis kapitalas. Esant tokiam tikslui, yra akivaizdu, kad turi būti kažkoks būdas savo turto dalį įdėjusiems asmenims paskirti kitus asmenis, kurie vadovautų tokiam verslui.

Reikėtų čia stabtelėti. Akivaizdu, kad tokia idėja nesutampa su primityvesne institucija, kai turtuolis (ar keli turtuoliai, veikiantys kartu) paskirtų darbuotoją, kuris prižiūrėtų jo ar jų turtą . Pagrindinis skirtumas tas, kad dėl nuostolių atsako turtuolis ar grupė turtuolių ir, kad tas asmuo, prižiūrintis jų indėlius, yra jų tarnas, jų darbuotojas, jų agentas.

Tačiau bendrovės vadovas nėra kapitalą sudėjusių žmonių agentas. Kaip nebūtų keista, bent jau iš pirmo žvilgsnio, jis yra *juridinio asmens*, fikcijos, agentas. Beje, jis ir nėra *akcininkų daugumos* agentas, o juridinio asmens kaip tokio agentas, įgaliotinis. Galima palyginti jo statusą ir kitų bendrovės darbuotojų su turtuoliu ir jo darbuotojais. Kai yra turtuolis, visuomet bus taip, kad darbdavys, būtent, yra tas turtuolis. (Žinoma, aš kalbu apie senus laikus, prieš keliasdešimt metų; tuomet nebuvo skirtumo tarp to, kas šiandien vadinama „individuali veikla" ir „personalinės įmonės." Pasakius teisybę, skirtumas tarp tų sąvokų yra dirbtinis.)

Sutinkamai su bendrovės, kaip sąvokos, esme ir funkcija, akcininkai nėra bendrovės savininkai. Tiksliau, jie yra akcijų savininkai, o akcijos *nėra* įmonės procentinė nuosavybės dalies išraiška. Tai reiškia, kad turtas, kuriuo bendrovė operuoja, yra atskirtas nuo jos (buvusio) savininko. Kažkas, tačiau, turi prižiūrėti kaip dirba bendrovės darbuotojai arba tiksliau, kaip dirba bendrovė. *Priežiūra* yra atskirta nuo *kapitalo*.

Tai funkcijai atlikti gimė *valdybos* sąvoka.

(Kitur šioje knygoje aptariamas nepilnai vykęs šios sąvokos įvedimas į Lietuvos teisę; trumpai tariant, yra ir „stebėtojų tarybos" kurios praktiškai niekad nesukuriamos, o joms, ne valdyboms, įstatymas skiria priežiūros funkciją. Yra bandymų šią problemą ištaisyti.)

Valdyba, kolegialus organas, nustato bendrovės pagrindines veiklos kryptis, jos politiką, strategiją. Tam dažnai kviečiami į valdybą asmenys, turintys platesnį profilį arba didesnę patirtį nei bendrovės darbuotojai ir akcininkai, ir kurie praturtina ir pagerina valdybos sprendimus. Valdybos nario veikla neturi darbo pobūdžio, panašiai kaip savo paties turto prižiūrėjimas nelaikomas darbu. Kai kuriose valstybėse, kaip Lietuvoje ar Prancūzijoje, dar įmanoma turėti kitą organą, stebėtojų tarybą, kuri iš esmės stebi visą situaciją ir pateikia siūlymus.

Ganėtinai akivaizdu, kad nekalbama apie šeimos verslą. Ši įžvalga svarbi. Bendrovė kaip forma buvo sukurta stambiam verslui. Tačiau ji turėjo vieną privalumą, kuris masino ir viliojo ja naudotis ir smulkiam verslui: ribota atsakomybė.

Jeigu asmenys, sudėję kapitalą neprižiūri ir neturi teisės prižiūrėti verslą, kuriame naudojamas, yra akivaizdu, kad jį įmokėję asmenys, kitaip sakant akcininkai, neturėtų savo kišenėmis atsakyti už verslo nuostolius. Gan dažnai aptinkame frazę, tiek Lietuvoje, tiek Prancūzijoje (tačiau ne JAV), kad akcininkai atsako tik tiek, kiek yra sumokėję už akcijas. Tačiau tai nėra labai tikslu. Akcininkas galėjo paveldėti akcijas arba nupirkti jas iš trečiojo asmens biržoje, ir tokiu atveju pinigai, kuriuos sumokėjo, neatiteko bendrovei.

Akivaizdu, kad ribota atsakomybė buvo privalumas, kuris nulėmė, kad būtų supaprastinti bendrovės formos reikalavimai. Ilgainiui buvo galima įsteigti „vieno žmogaus" bendrovę, kurioje vienas ir tas pats fizinis asmuo būtų vienintelis akcininkas, vienintelis vadovas, vienintelis darbuotojas. (Teisybė, bent Vokietijoje buvo kitaip: ten įstatinis kapitalas, nustatytas dar 19-tame amžiuje, nuvertėjo dėl infliacijos, ir tik todėl bendrovė, kaip forma, tapo populiari tarp mažųjų įmonių).

Kai kuriose valstybėse šis reikalas (t.y., galimybė įsisteigti bendrovę, kad ir vienam ar keliems asmenimsbendradarbiams) ilgainiui buvo pritaikytas laisvosioms profesijoms: t.y., medikams ir advokatams. Tokios struktūros vadinamos *profesinėmis bendrovėmis*; jų privalumas yra tai, kad narys – savininkas atsako tik už savo aplaidumą, o ne už bendradarbių. Kitaip sakant, profesinės bendrovės yra *iš dalies* ribotos atsakomybės juridiniai asmenys.

Verta paminėti, kad daug kur bendrovė neįsivaizduojama be valdybos (jei ne ir stebėtojų tarybos). Kai kuriose valstybėse, galima turėti vieno asmens valdybą, bet valdyba privaloma. Kai kuriose valstybėse, kaip antai Prancūzijoje, tam tikrose bendrovės formose, kurios yra panašesnės į partnerystes, galima neformuoti valdybos. Kaip antai, Prancūzijos SARL formoje: galima turėti vieną ar daugiau vadovų, kurie tvarko įmonę, panašiai kaip savininkai.

Lietuvoje, kaip praktiškai visi žino, yra kitaip. Paprastame „UAB`e" galima nustatyti, kad valdyba nebūtų formuojama; tokiu atveju jos funkcijas atlieka administracijos vadovas. Tai labai keista, kadangi, jeigu įmonės struktūra artesnė prie bendrovės, kaip antai lietuviškame UAB`e, valdyba būtina: įstatinio kapitalo priežiūra nėra toks dalykas, kuris gali būti deleguojamas vykdomajai valdžiai, vadovui. (Vėlgi, suponuojama, kad vykdomoji valdžia nėra kartu ir įstatinį kapitalą suformavęs akcininkas; kitaip sakant, suponuojama, kad verslas nėra smulkus.)

Kaip bebūtų, Lietuvoje įprasta šitą variantą (UAB kurioje valdyba nesuformuota) vadinti *vienasmeniu valdymu.* Šis pavadinimas tačiau netikslus. Tiksliau būtų vadinti tokią situaciją (Lietuvoje negalimą), kai valdyba būtų sudaroma iš vieno nario. Tai būtų vienasmenis valdymas – todėl, kad administracijos vadovas, kaip toks, nevaldo bendrovės. Jis yra vykdytojas. Kai nėra formuojama valdyba ir jos funkcijas atlieka administracijos vadovas, tokiu atveju tas vienas asmuo iš tikrųjų atlieka dvi funkcijas: valdymo ir vykdymo.

Čia stabtelėsiu paminėti, kad bendrovės, kaip ir praktiškai visa Vakarų teisė, vystėsi abejose Atlanto pusėse. Vienos valstybės „pasiskolindavo" idėjas iš kitų valstybių, jas naujai pritaikė, ir kitos valstybės šiuos naujus pritaikymus ar idėjas savo ruožtu skolindavosi. Šis tarptautinis procesas vyksta ir šiandien.

Turėtų būti akivaizdu, kad bendrovė, kaip forma, „gimė" sudaryti sąlygas sukaupti didelį kapitalą. Iš tiesų, nors ji gali būti „pritempta" prie smulkaus verslo, ji lieka jam ne itin paranki. Dar situacija pasikeičia, kai bendrovė yra vieno asmens (vienas ir tas pats akcininkas, vadovas, darbuotojas). Reikalas problematiškas ypač tada, kada yra du, trys, penki ar daugiau asmenų, kurie iš esmės yra *lygiaverčiai bendražygiai.*

Kai iš tikrųjų yra keli ar keliolika lygiaverčių asmenų, kurie nori kartu vystyti verslą, patogesnė forma yra partnerystė. Lietuvoje ši įmonės forma vadinama *tikroji ūkinė bendrija.* Privalumas yra tai, kad įmonės struktūra yra paprastesnė ir daug ką galima nustatyti tarpusavio susitarimu. Bėda su TŪB'ais yra tai, kad už jų įsiskolinimus atsako jos nariai (partneriai).

Lietuvoje arčiausiai „pritempti" prie norimo rezultato galima bendrovės struktūrą suformavus valdybą, kai visi „partneriai" turi lygias balsavimo teises. Tačiau, net ir šiuo atveju, bus vienas administracijos vadovas: jų negali būti keli. Tiesa, yra toks keistas dalykas, pasiskolintas iš Vokietijos teisės: prokuristas, tačiau tai iš esmės yra prekybos agentas reikalams, susijusiems su trečiosiomis šalimis, ne vidaus klausimams spręsti.

Reikia prisiminti, kad nors akcininkų susirinkimas yra bendrovės organas, tačiau jis nėra bendrovės valdymo organas. Be to, jis tai funkcijai atlikti netinkamas: yra sudėtinga sušaukti visuotinį susirinkimą, iš anksto priimami sprendimai dėl svarstytinų klausimų ir pan. Pagrindinė jo funkcija yra paskirti tuos asmenis, kurie prižiūrėtų kapitalą, tai yra, valdybą. O valdybos funkcija, kaip turėtų būti jau aišku, yra ne tiek kažkoks operatyvusis darbas kaip *etikos sergėjimas*.

JAV prieš dvidešimt penkis metus įsivystė ribotos atsakomybės juridinis asmuo, panaši į bendrovę, bet taip pat savo struktūra panašus į partnerystę (TŪB). Jis vadinamas *limited liability company* (LLC) (ribotos atsakomybės bendrovė). Tokios bendrovės didelis privalumas yra tai, kad jos viduje galima susitarti dėl praktiškai bet kokios struktūros: gali būti vienas administracijos vadovas, arba gali būti keli pilnateisiai „partneriai", kurie veiktų kaip įmonės savininkai (kitaip sakant, yra pilnai „įgalioti" už ją pasirašyti, jai vadovauti ir t.t.).

Galima važiuoti iš Kauno į Vilnių per Klaipėdą. Galima „pritempti" bendrovę prie partnerystės, tačiau vargiai. Visuomet yra efektyviau nustatyti ar pasirinkti taisykles, pagal kurias iš tikrųjų bus galima veikti. Jeigu taisyklės numato vieną, o realūs faktai spaudžia laikytis nestatutinių taisyklių, organizacijai bus sunkiau veikti sklandžiai. Todėl, jeigu verslą siekiantys vykdyti yra lygūs partneriai – nariai – bendražygiai, tai jiems tinkamesnė būtų LLC forma.

LLC, tik ją sukūrus JAV, buvo gan greitai buvo nukopijuota Prancūzijoje (1994 m., *Sociėtė par actions simplifiėe* arba S.A.S.), o vėliau ir Anglijoje. Teoriškai, pagal neseniai įvestas Europos Sąjungos taisykles, būtų galima prancūzišką ar anglišką variantą įsteigti ir registruoti Lietuvoje, tačiau tektų mokėti už tokį dalyką papildomai, kadangi būtų formalumai, kurie turėtų būti atliekami Prancūzijoje ar Anglijoje.

Neseniai LR buvo priimti tam tikri įstatymų pakeitimai bendrovių teisės srityje. Bendrai jie yra sveikintini. Iš tiesų, tarp valstybių vyksta konkurencija dėl veiklos efektyvumo skatinančių sprendimų. Didelis žingsnis ta linkme Lietuvoje būtų sukūrimas naujos įmonės formos, kuri būtų pritaikyta smulkiam ar vidutiniam verslui, kuris sudarytų sąlygas turėti kelis lygiateisius vadovus, ir kurioje kapitalą sudėję asmenys, labiau galėtų veikti kaip savininkai. Kitaip sakant, būtų gerai priimti lietuvišką LLC (latvių SIA) variantą.

Tačiau šiuo metu to nėra. Reikia pasitenkinti įmonės forma, t.y., bendrove, kuri yra tik „pritempta" prie smulkaus ir vidutinio verslo reikalavimų. Iš to seka įvairūs nesklandumai, tačiau tai suprasdami, bent jau galima siekti tuos nesklandumus sumažinti. Kita vertus, juos visiškai įveikti taip pat neįmanoma.

Akcininkų susitarimai ir akcijų vertė

Apskaitos, audito ir mokesčių aktualijos
2013-02-11 Nr. 6 (726)

AR AKCININKAS yra savininkas? Toks klausimas tinka gvildenti studentui, rašančiam referatą. Tačiau į tokį klausimą protingai atsakyti turėtų sugebėti kiekvienas verslininkas. Taip pat yra ir kitų labai svarbių klausimų, kuriuos tūlas verslininkas turėtų bent protingai pakomentuoti, suprasti jų atsakymų diapazoną, pavyzdžiui: ką reiškia būti mažos bendrovės smulkiuoju akcininku, kokia yra tokios įmonės vertė (ir akcijų vertė). Šio straipsnio tikslas: suteikti bent minimalų supratimą apie šiuos dalykus. Beje, šiame straipsnyje labiau kalbama apie supratimą, ne žinias: kiekvienas taksistas gali pasiskaityti bendrovių įstatymą ir suprasti, kad yra kažkokie akcininkai ar yra kažkokia pirmumo teisė ... tačiau supratimas, išmintis, yra kitas dalykas.

Taigi, ar tas akcininkas vis dėlto yra savininkas? Ganėtinai dažnai taip akcininkus vadina bendrovių vadovai, buhalteriai. Parašykite dabar eilėraštį, kad ir trumpiausią ar durniausią. Priklauso jums tušinukas? Sulaužykite. Tai yra įvykę juridiniai faktai, jūsų tėvonija yra arba praturtėjusi (eilėraštis yra intelektinis turtas) arba sumažėjusi (suplėšykite ir užmirškite savo eilėraštį, jo, kaip ir tušinuko, nebėra).

Jūs sunaikinote ir tušinuką, ir eilėraštį. Tą jūs galite daryti, nes esate to turto savininkai. Jeigu bendrovė būtų jūsų turtas, jūs galėtumėte ją sunaikinti. Tačiau negalite. Net, jeigu visos akcijos jums priklausytų, negalėtumėte to padaryti, kadangi vis dėlto nebūtumėte bendrovės savininku. Akcininkai nėra bendrovės savininkai.

Akcininkai, tiksliai tariant, nėra akcijų savininkai. Mokslinėje literatūroje daug gvildenta apie tai, kas yra bendrovė, ir tuo pačiu, kas yra akcija, akcininkas. Tačiau ganėtinai aišku, kad akcija nėra turtas kaip turimų teisių apibūdinimas. Teisės į tam tikrą reikalavimą galima atsisakyti, tačiau ją sunaikinti ar keisti yra kitas dalykas. Šiuo atveju įdomu palyginti analogiško žodžio anglų kalba vertimą: žodis *„shareholder"* *pažodžiui būtų verčiamas kaip „akcijų laikytojas"* .

Toliau apie *akcijų laikytojus*: akcininkas yra asmuo, kuris turi teisę iš bendrovės gauti ekonominės veiklos vaisius. Kitaip sakant, bendrovė yra operuojama akcininko *naudai*. Bendrovės esmė yra ta, kad bendrovės formos įmonėje *nauda* yra atskiriama nuo *valdymo*: kiti asmenys valdo ir administruoja įmonę, ne akcininkai.

Tiesa, maža bendrovė gali būti valdoma to paties asmens, kuris yra jos pagrindinis akcininkas, tačiau iš esmės tai nieko nekeičia. Pirmosios bendrovės būtent buvo dideli subjektai, o kaip tokio subjekto bendrovės forma yra tik „pritempta" prie smulkiųjų įmonių. O visa bendrovės kaip formos esmė – *atskirti* naudą nuo valdymo. Forma nulemia funkciją.

Žinoma, Lietuva yra smulkiųjų įmonių šalis, ir yra daug atvejų, kai akcininkai bando vadovauti. Tam, kad akcininkai galėtų tai daryti, reikia ignoruoti taisykles arba jas apeiti. Tokių atvejų mačiau nemažai. Ilgainiui nustatytų taisyklių nesilaikymas nepasiteisina; ilgainiui bendrovės forma lyg ir pati priešinasi iškreipimui. Be to, tokie „manevrai" ilgainiui vadovui

„įvaro" šizofreniją: forma diktuoja, kad jis būtų vadovas, tačiau vadovauja kiti. Jeigu administracijos vadovas, generalinis direktorius tik nurodymų iš akcininkų vykdytojas, tai jis ne administracijos vadovas, ne generalinis direktorius. Įstatymai teisingai numato, kad būtent *jis* vadovauja įmonei. Tai tiesa, net esant valdybai, kurios paskirtis yra nustatyti bendrovės veiklos bendras gaires.

Kartais būna, kad keli asmenys kartu kuria įmonę ir numato, kad jie visi lygiagrečiai ją vystys, jai vadovaus. Sunku tokiu atveju gyventi pagal „bendrovės" primetamą režimą. Reikėtų kurti vienokią ar kitokią partnerystę; tačiau teks pagudrauti, jeigu bus norima turėti ribotą atsakomybę; ko gero, tektų registruoti užsienyje ir perregistruoti Lietuvoje, kadangi čia nėra normalesnių, šiam tikslui pritaikytų, įmonės formų (jų yra Anglijoje, JAV, ir net Latvijoje).

Jeigu jau kalbėjome apie akcininkus, tai tęskime. Ką reiškia būti smulkiuoju akcininku mažoje įmonėje? Nelabai daug! Lietuviai nelabai galvoja apie dividendų išmokėjimą; pelnas, liaudiškai kalbant, yra išmokamas visaip kitaip, algomis, premijomis, tantjemais. Galima numatyti akcininkų susitarime, kad pelnas ar jo dalis privalo būti išmokamas dividendais, bet akcininkų susitarimai nėra paplitę Lietuvoje. Protingiausia pagalvoti, ar bendrovė yra tokia, kurios akcijos ilgainiui galėtų būti viešai platinamos. Tai yra pagrindinis kelias į praturtėjimą kitose šalyse, kaip antai neseniai atsitiko su *Facebook*.

Jeigu ne, tada akcijų vertė yra ... problematiška, o smulkiojo akcininko akcijų vertė yra dar labiau problematiška. Yra įvairių būdų kaip tariamai nustatyti smulkiojo akcininko turimų akcijų vertę, tačiau jie visi turi rimtų trūkumų ir visi ginčytini. Galima sakyti, kad tokio akcininko akcijų vertė tėra tiek, kiek kitas už jas sumokėtų.

Gali būti, kad trečiasis asmuo panorės visas akcijas supirkti. Kita vertus, tokiam pirkėjui gali užtekti nupirkti tik akcijų daugumą - kontroliuojantį paketą ir todėl jam smulkiojo akcininko akcijos, ko gero, bus neįdomios. Tai ir šiuo atveju smulkiojo akcininko akcijų vertė yra problematiška.

Įstatyme yra numatyta smulkiojo akcininko apsaugos priemonė: pirmumo teisė. Kodėl tik ši viena apsaugos priemonė atsirado įstatyme yra kuriozas: ko gero, tai pasiekė klerko, inicijuojančio šį įstatymą, žinių ribas. Ką padarysi, šitaip šioje šalyje priimami įstatymai.

Kokia yra ta įstatymo suteikiama pirmumo teisė? Jeigu, sakykime, turintis kontroliuojamą paketą akcininkas nori parduoti savo akcijas trečiai šaliai, kiti įmonės akcininkai turi teisę už tą pačią kainą nupirkti tas akcijas. (*Nota bene*: dėl šiame straipsnyje išdėstytų priežasčių smulkusis akcininkas praktiškai niekad nesulauks pirkėjo savo akcijoms.).

Pirmumo teisė - skamba gerai? Nelabai. Vis dėlto, pirkti reikia už pasiūlytą trečiojo asmens kainą. Reiškia, ji gali būti aukšta. Reiškia, reikia surasti pinigų. Tie, kurie yra ieškoję pinigų gali paliudyti, kad ne visad pavyksta jų rasti. Reiškia, ši teisė yra praktiškai nereikšminga, bent jau žiūrint iš smulkiojo akcininko medalio pusės.

Kokios pasekmės? Jeigu likęs akcininkas (-kai) neišperka parduodančio savo akcijas akcininko, ateina į įmonę *svetimas žmogus*. Tai, beje, gali atsitikti ir paveldėjimo atveju.

Todėl yra kita apsaugos priemonė, kurią įstatymas praleido, ir kuri yra labai svarbi: bendro pardavimo teisė (angl,, *co-sale*). Turint bendro pardavimo teisę, trečiasis asmuo, kuris nori pirkti akcijas iš bet kurio akcininko, privalo pasiūlyti tą pačia kainą ir sąlygas visiems akcininkams.

Štai. Akivaizdu, kad *right of co-sale* daug labiau apsaugo smulkų akcininką ir suteikia jo akcijoms reikšmės bei vertės. Tiesa, yra įmanoma ,,sukurti'' tokią apsaugos teisę įstatuose: bendrovių įstatymas numato, kad įstatuose galima keisti nustatytą akcijų pardavimo tvarką. Tačiau abejotina, ar tokius įstatus pavyktų registruoti, o juos pažeidus, apginti savo teises.

Tai yra todėl, kad notarai registruoja tai ką nori ir tik tą, ką supranta. Patikėkite, tai turi praktiškų pasekmių ir taip pat yra efektyvi riba (t.y., rimtai suvaržoma galimybė šią problemą spręsti). Problematiška taip pat su teismais.

Todėl išmintingesnis kelias yra sudaryti *akcininkų susitarimą*, kuris numato arbitražinį sprendimą - užsienyje. Akcininkų susitarimas būtinas dalykas, norint išvengti visos eilės problemų, kurios kyla mažose bendrovėse, kaip antai, kaip valdyti įmonę, kai akcininkai, turintys po lygų skaičių akcijų, negali susitarti. Jis ypač naudingas, siekiant išlaikyti įmonę kaip veikiantį vienetą tada, kai vienas akcininkas, dirbęs įmonėje, pasitraukia.

Akcininkų susitarimas skiriasi nuo įmonės steigiamųjų dokumentų tuo, kad jis yra būtent sutartis ir jo sukuriamos teisės yra sutartinės. Todėl jis lankstesnis. Jo nereikia registruoti - jis privatesnis. Įdomus momentas yra tai, kad bendrovės sprendimas (veiksmas), kuris yra priimtas pažeidžiant akcininkų susitarimą galioja visiškai. Tačiau, nuskriaustasis akcininkas gali išsieškoti nuostolių iš akcininkų, priėmusių netinkantį sprendimą. Įdomu taip pat, kad vienu metu, prieš dešimtį metų, LR bendrovių įstatymas minėjo akcininkų susitarimus, bet šiuolaikinė redakcija jų nemini.

Kaip jau turėtų būti aišku, kiek tai susiję su akcininkų susitarimais ir bendrovių teise, Lietuvoje iš viso nėra pati geriausia situacija. Tačiau, esant akcininkų susitarimui, sudaroma galimybė perkelti klausimo sprendimą į kitą šalį, būtent tem, kur yra daug didesnė ir gilesnė teisinė patirtis. Kaip? Numatyti, kad klausimus spręs užsienio arbitražinė institucija. Tiesa, tai padaryti nėra visiškai paprasta; reikia patyrusio advokato konsultacijų. Be to, verta prisiminti, kad arbitražinis procesas užsienyje beveik be išimčių vyksta tik raštu, tad nereikia keliauti.

Taip pat pravartu įsidėmėti, kad akcininkų susitarimas praktiškai turi būti sudaromas prieš pradedant veiklą, t.y., tuo pačiu metu, kai įmonė steigiama. Tai yra todėl, nes, įmonę įsteigus, jau gali būti sunku susitarti: *kai kam status quo pasitarnauja*, o kiti jau nebegali sąlygoti savo dalyvavimo tapimu akcininkais, kadangi tokiais jau yra. Kitaip sakant, laivas jau išplaukęs; jau esate jame ir esate nelabai turite ką pažadėti.

Esant geram akcininkų susitarimui, smulkiųjų akcininkų padėtis yra visai kitokia. Smulkusis akcininkas - jo akcijos - įgija vertę, net reikšmingumą. Įmonės būklė, jos veiklos tęstinumas, yra labiau užtikrinti. Daugelis konfliktinių situacijų yra jau išspręsta arba bent jau yra numatyti būdai ir metodai kaip juos išspręsti. Todėl, kad, tokiu atveju, smulkieji akcininkai yra labiau apsaugoti, gali būti lengviau motyvuoti svarbesnius įmonės darbuotojus, kurie šiaip nelabai suinteresuoti gauti keletą atskirų akcijėlių.

Teisinis išmanymas ir išprusimas nėra vien dalykas paliktinas ar skirtas tik advokatui. Jeigu šios šalies verslininkai ir šiaip gyventojai daugiau suprastų apie akcijas, smulkiuosius akcininkus ir tiesiog apie bendroves, tai leistų advokatams ir teisinei sistemai veikti aukštesniame lygmenyje; tai pagerintų smulkiųjų akcininkų padėtį ir keltų įmonių našumą, didintų pasitenkinimą. Deja, vyrauja dar sovietinė praktika: pasidaryk pats, o jeigu labai jau blogai, na, galima pagalvoti ir apie advokatą. Tačiau tokia *modus operandi* (veikimo modelis) nebepasiteisina. Mokykitės patys ir švieskite kitus!

Jungtinė veikla ir tikrosios ūkinės bendrijos

Apskaitos audito ir mokesčių aktualijos
2012 m. vasario 27 d., pirmadienis, Nr. 8 (680)

BĖDA SU šia valstybe yra tai, kad daugelis įstatymų atsiranda visiškai be žmonių indėlio, lyg tai būtų nuleidžiami iš dangaus. Panašiai yra ir jungtinės veiklos ir tikrųjų ūkinių bendrijų (TŪB) atveju: jos, kaip teisiniai institutai, egzistuoja jau seniai, tačiau *kodėl* jos yra, niekas praktiškai nežino. Šiuo straipsniu bus bandoma paaiškinti šiuos institutus ir jų *naudą*, kas galėtų šiek tiek pateisinti jų egzistavimą.

Pirmiausia, dėl pavadinimų. „Jungtinė veikla" ir „partnerystė" (bent tam tikra prasme) *yra sinonimai*. Tie, kurie sudaro „jungtinės veiklos" sutartį yra partneriai. Jų tarpusavio santykiai yra partneriniai santykiai. Kas yra partneris? Jeigu Pavardaitis įgalioja jus jį atstovauti visais tam tikro verslo klausimais, ir jūs tokį patį įgaliojimą suteikiate jam, jūs esate partneriai: dalinatės pelnu po lygiai, vienas už abu pasirašote, atstovaujate ir atsakote visiškai už vienas kito veiksmus. Jungtinė veiklos sutartis turi iš esmės tą patį poveikį.

Kas tada yra tas TŪB? Tai yra ta pati partnerystė, tik užregistruota kaip juridinis asmuo. Reiškia, kad formaliai tai yra jau *įmonė*. Palyginkime TŪB su kita įmone: bendrove. TŪB yra juridinis asmuo, kuri nėra bendrovė. Bendrovės *raison d'etre (būvimo priežastis)* yra sudaryti galimybę sutelkti iš daugelio žmonių kapitalą, o to kapitalo valdymą patikėti kitiems asmenims (valdybai). O TŪB *raison d'etre* yra sudaryti galimybę keliems asmenims dirbti (t.y., veikti, sudaryti sandorius) kartu, kaip lygiateisiai TŪB (ir vienas kito) įgaliotiniai.

Išvardysime kelis atvejus, kai įsteigti TŪB vietoje kitos rūšies įmonės gali būti parankus sprendimas. Tokie atvejai galėtų būti, kai:

yra keli asmenys, kurie yra ar nori būti tam tikrame versle lygiaverčiais vadovais. Paprastai šią formą dėl, būtent, šios priežasties naudodavo laisvosios profesijos (advokatai, medikai) ir investuotojai;

norima po lygiai pasidalinti įtaką priimant verslo sprendimus, neatsižvelgiant į įnešto kapitalo proporciją;

norima sutelkti tiktai tam tikrą dalį dviejų ar daugiau įmonių (kurios yra konkurentės) kapitalo ir žinių vienai verslo idėjai;

norima turėti itin lanksčią pelno išmokėjimo nariams sistemą.

Dabar eisime iš eilės ir paaiškinsime TŪB privalumus. Visų pirma, nebent kitaip susitariama, iš principo visi TŪB nariai (narys – tai TŪB dalyvaujantis jame fizinis ar juridinis asmuo) yra TŪB lygiateisiai atstovai. Tai labai paranku tuo atvejui, kai trys ar keturi profesionalai „susimeta" tam tikrą kapitalą ir nutaria dirbti kartu. Labai sunku „pritempti" bendrovės formą prie noro bendrai ir lygiateisiškai ją valdyti su neatšaukiama ir nenuginčijama parašo teise.

Antras privalumas: verslo sprendimų lygiavertiškumas. Paprastai, jeigu vienas bendrovės akcininkas įdeda milijoną, o kitas tik tūkstantį, yra sunku padaryti taip, kad abu turėtų lygią įtaką bendrovėje. Tačiau, būtent taip ir yra TŪB: narys yra lygiateisis narys, nepaisant jo kapitalo įnašo proporcijos; nebent kitaip susitarta, įdėjęs vieną litą turi tas pačias teises savo parašu saistyti TŪB ir dalyvauti priimant bendrus sprendimus, kaip ir įnešęs milijoną.

Trečias TŪB privalumas būtų tokiu atveju, kai dvi ar daugiau įmonių nori kooperuotis siekdamos „apjungti" žinias vienos verslo idėjos realizavimui. Vienas iš klasikinių pavyzdžių būtų JAV *Ford Motors* kompanijos *joint venture (jungtinė veikla)* su Japonijos *Mazda:* šios dvi didžiulės įmonės nesusijungė; jos tiesiog susikooperavo labai sėkmingai pagaminti „Explorer" markės automobilį. Tipiškai, tokios partnerystės pasibaigia po kelerių metų.

(*Nota bene:* „TŪB" JAV gali ilgai gyvuoti; yra advokatų TŪB kurios buvo įsteigtos prieš du šimtus metų. JAV „joint venture" yra, palyginus, trumpalaikė. JAV „TŪB" ir „jungtinė veikla" teisiškai nesiskiria: skiriasi tikslas.)

TŪB pelno paskirstymas taip pat yra lankstus. Iš principo, visi nariai dalyvauja lygiai dalinant pelną, nebent yra kitaip nustatyta steigimo dokumentuose. Taigi, esant 100 000 Lt pelnui, kiekvienas iš penkių narių gautų po penktadalį. Tokį pasidalijimą taip pat galima nustatyti įvairiai: proporcingai pagal įnašą arba galima įvesti mišrią sistemą.

Toliau: TŪB galima turėti itin lanksčią administravo sistemą, kadangi nėra nustatyta ypatingų taisyklių. Nėra visuotinų narių susirinkimų, protokolų, valdybos posėdžių, sprendimų. Tačiau galima ir sugriežtinti: galima nustatyti, kad sprendimai įmonės vardu daromi tik visiems nariams sutarus; galima susitarti, kad tam tikra vadovaujanti grupė spręstų tam tikrus klausimus, kitus paliekant visiems nariams spręsti.

Galima paminėti, kad TŪB narys negali perleisti savo narystės kitiems asmenims (nebent, vėlgi, tai būtų numatyta steigimo dokumentuose). Visai kitaip yra su bendrovių akcijomis: iš principo, galima tik reikalauti, kad siekiantis parduoti akcijas, jas pasiūlytų kitiems akcininkams. O akcininko mirties atveju, nesant geros akcininkų sutarties, iš viso situacija tampa neprognozuojama. Mat, smulkiose įmonėse vis dėlto labai svarbu pagrindinių asmenų sugebėjimas dirbti kartu, kooperuotis. Jeigu trys akcininkai bendromis jėgomis kūrė įmonę, ne kas gali gautis jeigu, vienam mirus, ateina svetimas įmonei žmogus, kad ir vieno iš steigėjų giminaitis. TŪB šitų bėdų nėra, arba bent jau yra daug mažiau.

Dabar įvardysiu svarbiausią aplinkybę. Mano įsitikinimu, Lietuvoje ši forma nėra populiari ne tiek dėl jos trūkumų (apie kuriuos bus kalbama toliau), o dėl tam tikro įsišaknijusio teisinio nihilizmo. Visi finansininkai ir, ko gero, didžioji dauguma verslininkų pažįsta firmas, organizuotas UAB forma, kuriose akcininkai realiai valdo įmonę. Jose asmenys, pasamdyti būti administracijos vadovais, vietoje to, kad turėtų tiek įstatymo, tiek šiai formai būtinos veikimo laisvės, yra praktiškai pastumdėliai, kurie dar kartu lyg ir atsako už visas nelaimes. Jiems sakoma, kad ‚yra surašyta vienaip, bet gyvensime kitaip ...‘ ir jie paliekami neaiškioje padėtyje.

O TŪB būtų visai kitaip. Narys būtent yra tas, kuris atsako už įmonę. Jis (būtent) turi teisę įsakinėti, nurodinėti darbuotojams. Visi jam pavaldūs. Jis, lygiateisiai su kitais partneriais, yra savininkas (akcininkai nėra, tiksliai tariant, savininkai; jie yra asmenys, kuriems priklauso ne įmonė, o akcijos, kurios suteikia vienokias ar kitokias, tačiau išvardytas ir netolygias savininkui, teises).

Skirtumas tarp realios padėties lietuviškose smulkiose UAB su diriguojančiais akcininkais ir TŪB yra tas, kad TŪB‘e tiesioginis investuotojo valdymas nėra Bizantijos santykių reiškinys (atseit rašysime vienaip ir gyvensime kitaip), o tiesiog skaidrus ir normalus dalykas. Kaip jau minėta, narys yra „bosas". (Akcininkas realiai nebūtinai turi teisę net ateiti į patalpas...) O „bosai-akcininkai" sukuria ir įveda neprognozuojamus, nestatutinius, neskaidrius santykius. Tačiau, kaip jau minėjau, manau, kad lietuviams visa tai nesvarbu. Jie pratę prie idėjos, rašysime vienaip, o gyvensime kitaip ... mat, teisinis nihilizmas patogus ir net malonus – akcininkas/bosas yra visuomet teisus, taisyklės lyg ir yra, kada jų „reikia" ir nėra, kada jų „nereikia."

Tas pats teisinis nihilizmas, ko gero, ir nulėmė tai, kad, praėjus 20 metų po Nepriklausomybės atkūrimo, Lietuvoje dar vis nėra ribotos atsakomybės bendrijų (šiuo atveju bendrija nėra bendrovė; akcinių bendrovių atveju – yra). Yra JAV, yra Prancūzijoje, Anglijoje, net ir Latvijoje, tačiau iki šiol jų nėra Lietuvoje. Negalima daryti kitos išvados: matomai, jų šiai šaliai nėra reikėję. (Tačiau yra tam tikrų prošvaisčių: žr. šio straipsnio paskutinę pastraipą).

TŪB taip pat turi ir trūkumų. Vienas iš jų būtų tai, kad TŪB yra neribotos teisinės atsakomybės įmonė. TŪB nariai atsako už jos įsiskolinimus: jeigu bendrijoje esančio turto nepakanka „padengti" jos įsiskolinimo, ieškinys gali būti nukreiptas į TŪB nario asmeninį turtą (yra tam tikrų sąlygų).

Kaip jau minėjau, kitose šalyse yra įmonės, kuriose kreditorius negali pasiekti bendrijos narių-piliečių turto. Bet yra du atvejai, kai lietuviškojo TŪB neribota atsakomybė nėra faktorius. Pirmas atvejis yra tada, kai jos visi nariai yra akcinės bendrovės: tokia situacija apsaugotų ne tas akcines bendroves, o jų akcininkus.

Antras atvejis yra tada, kai yra apeinami Lietuvos „netobuli" įstatymai. Galima įsteigti *ribotos* atsakomybės TŪB kitoje Europos Sąjungos šalyje (kaip antai Anglijoje) ir ją užregistruoti Lietuvoje. Žinoma, tai daugiau kainuos: reikia tenkinti ne vienos valstybės, o dviejų valstybių administracinius reikalavimus, tačiau kiekvienu atveju reikia skaičiuoti, kadangi, žiūrint į aplinkybes, gali ir apsimokėti.

Kuo skiriasi TŪB nuo jungtinės veiklos? Skirtumas sunkiai nusakomas; viena vertus, tiek TŪB, tiek partnerystė, yra sukuriama tos pačios formos (turinio) sutartimi. Tačiau vis tiek galima įžvelgti tam tikrus skirtumus (bent kai kuriose šalyse).

Pagrindinis skirtumas būtų šis: tose šalyse, kuriose yra kažkas panašaus į situaciją Lietuvoje, veikla pagal jungtinės veiklos sutartį yra orientuota į vieną stambesnį užsakymą, kaip antai, į verslo centro statybas. Tokius objektus galima statyti įprastiniu būdu: generalinis rangovas stato, viską organizuoja, sudarinėja sutartis su architektais, sub-rangovais; tai ne jungtinė veikla: pelnas lieka generaliniam rangovui ir sub-rangovų atsakomybė yra ganėtinai ribota. Jeigu, tačiau visos firmos, statančios objektą, sudarytų jungtinės veiklos sutartį, tai pelnas būtų iš principo dalinamas lygiai visiems: visi dirbtų statant objektą (narys paprastai nerašytų sąskaitos šiam neregistruotam vienetui) ir pasidalintų pelną lygiai, nebent kitaip būtų susitarta.

Todėl, kad veikla pagal jungtinės veiklos sutartį nesukuriama įmonės, tampa praktiškai labai sunku „pritempti" šį institutą prie nuolatinės ar pakartotinos veiklos. Reiškia, panaudojant minėtą pavyzdį, norint statyti antrą statinį, tektų sudaryti naują jungtinės veiklos sutartį.

Ypatingai sunku paaiškinti, kodėl dėl pakartotinos veiklos neužtenka sudaryti jungtinės veiklos sutarties, o reikia įmonės; įstatymas nereikalauja įmonės kūrimo, tačiau, ko gero, problemos esmė glūdi valdyme. Partneriai, sudarę jungtinės veiklos sutartį, nėra sukūrę nei juridinio, nei fizinio asmens, todėl jungtinė veikla labiau tinka įvykdyti projektą, pavyzdžiui, pastatyti pastatą, tada jį parduoti, o ne priimti užsakymus, turėti klientus. Kiekvienas jungtinės veiklos projektas kitoks. Reiškia, kad reikia aptarti pelno paskirstymą iš naujo, kadangi ne visuose projektuose tie patys partneriai dirbtų ta pačia apimtimi. Taip pat, reikia turėti omenyje, kad įmonės ar asmenys, veikiantys pagal jungtinės veiklos sutartį, nėra sukūrę vieneto, į kurį galėtų samdyti darbuotojus, o tai reiškia, kad atskirų narių/įmonių darbuotojai nebūtų tiesiogiai valdomi partnerių, o kiekvienas partneris valdytų savo darbuotojus, jeigu tokių turėtų. Dėl šių ir kitų priežasčių, kiekvieną kartą partneris turėtų iš naujo įvertinti ne tik savo galimybes, bet ir savo galimų partnerių galimybes užbaigti projektą. Tai problematiška. Daug lengviau įvertinti savo įmonę, o ne kitų.

Trumpai, yra ir kitų skirtumų tarp lietuviško jungtinės veiklos instituto ir TŪB. TŪB, būdama įmonė, paprastai turės savo darbuotojų. To negalima pasakyti apie „veiklą pagal jungtinės veiklos sutartį." Visi įmonių, veikiančių pagal jungtinės veiklos sutartį, darbuotojai lieka tų įmonių darbuotojais. Antra, partneriai, sudarę tik jungtinės veiklos sutartį, nėra, tiksliai tariant, sukūrę naujo ūkinio vieneto ir todėl neišrašo sąskaitų jungtinės veiklos, t.y. partnerystės, vardu ir, beje, neturi banko sąskaitos – nors tai būtų ir patogu.

Taigi, Lietuvoje yra įmonės-partnerystės, t.y., yra TŪB, ir taip pat yra partnerystės, kurios nėra įmonės. Dėl pastarųjų – matyt, kad čia bandyta importuoti teisinį institutą iš Vokietijos, tačiau šis sumanymas nėra sulaukęs pasisekimo. Jungtinės veiklos sutartys Lietuvoje naudojamos praktiškai išimtinai pildant prašymus dėl europinių projektų (dotacijų). Turėjau klientų, kurie „laisva ranka" pasirašė jungtinės veiklos sutartis, net neįtardami, kad tai – partnerystė, kad jie atsako solidariai ir net po partnerystės pasibaigimo dėl partnerystėje prisiimtų prievolių. Todėl šis institutas yra itin pavojingas Lietuvoje ... kadangi mažai kas įtaria jo pavojus.

Šie teisiniai institutai yra mįslingi. Mįslinga ir šalis! Sunku suvokti, kodėl nėra būtent *ribotos* atsakomybės ūkinių bendrijų Lietuvoje, nors toks institutas yra populiarus užsienyje; panašiai sunku suvokti, kodėl yra veikla pagal jungtinės veiklos sutartį nesudarant įmonės, kai ši veiklos forma nėra itin populiari užsienyje ir Lietuvoje neranda sau vietos. Bet yra kaip yra, ir šiuo straipsniu buvo bandoma parodyti tikrąją padėtį. Manyčiau, kad galimybę veikti pagal jungtinės veiklos sutartį, nesudarant įmonės, būtų geriau panaikinti, kadangi Lietuvos verslininkai nepakankamai supranta šio instituto keliamą pavojų.

Taip pat, manyčiau, kad reikėtų sukurti ribotos atsakomybės ūkines bendrijas kaip galimą įmonės formą. Tačiau yra tam tikrų prošvaisčių: paskutinę 2011 m. dieną projektas, sukuriantis ribotos atsakomybės bendriją Lietuvoje, buvo užregistruotas Seime (kažkodėl Ūkio ministerijos iniciatyva o ne Seimo nario, atstovaujančio rinkėjus). Tiesa, pagal šį projektą tik fiziniai asmenys (t.y., gyventojai) galės būti taip vadinamų „mažųjų bendrijų" nariai, ir taip pat, vargiai ar tai yra partnerystė, kadangi jos dalyvis, bent pagal įstatymo projektą (XIP-4003) negali veikti bendrijos vardu (plg. Ūkinių bendrijų įst. 8 str.), tačiau tai vis šis tas. Reikia džiaugtis tais lašeliais, kurie nukrenta ...

Personalinės įmonės

Apskaita ir kontrolė
1997 m. rugpjūčio 13 d.

2010 M. ĮVADAS: Straipsnyje rašoma apie situaciją, egzistavusią iki 2001 m. Civilinio kodekso įvedimo ir 2003 m. Individualių įmonių įstatymo įsigaliojimo. Tais laikais personalinė (dabar – individuali) įmonė nebuvo juridinis asmuo. Tai reiškė, kad, tais laikais, personalinė įmonė buvo tam tikra iliuzija. Nors tai atrodė kaip įmonė, ypatingai kadangi galėjo savo vardu dalyvauti teisme, ji buvo visiškai tapati su savo savininku. Dabar individuali įmonė yra juridinis asmuo, tačiau savininkas vis tiek atsako už jos prievoles.

Jau 2006 m. individualios įmonės sudarė tik apie 32% visų veikiančių įmonių. Sakoma, kad tai dėl to, kad vis sunkiau darėsi jas valdyti, kadangi didėjo jų teisinis reglamentavimas. Tačiau aš manau, kad labiausiai prisidėjo prie jų smukimo faktas, kad tais laikais įmonė, veikianti ne kaip juridinis asmuo, mokėdavo penkis procentus mažesnį pelno (t.y. pajamų ...) mokestį. Kai ši tvarka pasikeitė, jau nebeapsimokėjo. pažinojau vieną žmogų, kurio personalinėje įmonėje dirbo 500 darbuotojų. Akivaizdu, kad tai buvo daroma ne dėl patogumų o dėl minėtos mokestinės „lengvatos."

Antra vertus, personalinių/individualiųjų įmonių populiarumo smukimas, ko gero, sietinas ir su tam tikru kitu reiškiniu: laikui bėgant, Lietuvos gyventojai pradėjo suprasti, kad savo asmeniniu turtu atsako už įsteigtą personalinę (individualią) įmonę. Lietuviai šito nesuprasdavo: oficialiai steigdavo ... įmonę, gaudavo antspaudą, mokėdavo mokesčius įmonės vardu, o vis dėlto – iš esmės, personalinės įmonės turėjimas/įsteigimas tebėra leidimas asmeniui veikti ir tas asmuo, savininkas, visiškai atsako savo kišene (net po likvidavimo).

Tai ir buvo mano šio straipsnio siekis: padidinti skaitytojų sąmoningumą šiuo svarbiu klausimu. Atrodo, kad kiek pavyko.

Nieko nenustebins, kad iš maždaug 120 000 įmonių, veikiančių Lietuvoje, didelę daugumą sudaro personalinės įmonės. Tai bene seniausia veiklos forma ir, bent kol įmonė nedidelė, lengviausiai suprantama ir valdoma. Tačiau joje slypi dideli trūkumai, kurie galbūt nėra labai gerai suprantami Lietuvoje. Šie trūkumai gali sukelti labai daug problemų ne tik personalinių įmonių savininkams, bet ir jų verslo partneriams (t.y., kontrahentams) bei personalui/darbuotojams.

Tačiau ši forma turi ir savo privalumų. Asmuo, įkūręs personalinę įmonę, yra pats sau viršininkas. Jis atsako tiktai prieš save patį. Jis pats kuria visas savo įmonės veikimo taisykles. Palyginti su bendrove, yra daug mažiau popierizmo: nereikia rašyti protokolų, šaukti akcininkų susirinkimų, kaitalioti įstatų, juos registruoti. Visas pelnas yra personalinės įmonės (PĮ) savininko: jam nereikia su niekuo dalintis.

Kitos PĮ ypatybės: Personalinės įmonės turtas nėra atskirtas nuo savininko turto. (PĮ turtas yra atskirtas tik *buhalterine* prasme.) Tai reiškia, kad PĮ savininkas visiškai atsako savo turtu už visas įmonės skolas.

Šitą reikia įsisąmoninti. Nepatenkintas ieškinys bus nukreiptas vykdyti į savininko turtą. Šitaip nėra, kai įmonė yra ribotos atsakomybės, kaip, pavyzdžiui, uždaroji akcinė bendrovė.

Nebūkite suklaidinami išorinių dalykų. Nors Lietuvoje CPK 34 str. nurodo, kad, pavyzdžiui, civiliniame procese šalimis – t.y., ieškovu arba atsakovu – gali dalyvauti įmonės „tiek turinčios juridinio asmens teises, tiek ir jų neturinčios," ir nors tai sudaro įvaizdį, kad personalinė įmonė yra kažkokia atskirta nuo savininko veiklos forma, verslas, taip iš tikrųjų nėra. Nors LR įstatymai leidžia PĮ būti civilinio ginčo viena iš šalių ir dalyvauti teisme savo vardu, iš tikrųjų šalis yra tas pats savininkas (nes jis už viską atsako savo turtu – namu ir t.t.; beje, jis yra visiškas PĮ valdovas). Galima visa tai palyginti su JAV. JAV situacija kiek aiškesnė: pats PĮ savininkas visuomet yra šalis, o ne jo įmonė; ieškinys pateikiamas jo vardu, ne įmonės, kadangi iš tikrųjų įmonės šiuo atžvilgiu kaip ir nėra.

Taigi kaip geriausiai suprasti PĮ sąvoką? Ogi taip: PĮ [individualios įmonės] statusas yra tik leidimas asmeniui imtis ekonominės veiklos.

Išskyrus jau aptartą neribotos atsakomybės problemą, su kokiomis susiduriama kitomis problemomis? Kol PĮ yra maža ir apima iš esmės vieno ar keleto asmenų veiklą, viskas pakankamai aišku ir PĮ nekelia didesnių problemų. Bet, kai PĮ pradeda truputėlį padidėti – jau išryškėja jos trūkumai. Mat, jeigu PĮ iš esmės yra leidimas asmeniui imtis ekonominės veiklos, tuomet tam asmeniui susirgus arba mirus, atsiranda keblumų.

Nota bene: toliau pateikiamos pastraipos dėl individualios įmonės savininko mirties ar negalavimo gali nebeatitikti dabartinių (2010 m.) įstatymų. Tačiau pačios problemos išlieka opios.

Darbuotojai: PĮ savininkui mirus, jo įmonės darbuotojams pasibaigia darbo sutartys. Tuo pačiu metu įmonės nebėra. Skolos darbuotojams gali būti išmokamos iš velionio turto. Bet darbo sutartys jau nutrūkusios.

Kreditoriai. PĮ savininkui mirus, asmenys, kuriems įmonė buvo skolinga, t.y. jos kreditoriai, turi teisę išieškoti skolas iš jo turto. Tačiau niekas nebegali velionio PĮ vardu išrašyti jokių sąskaitų faktūrų, pajamų gavimo orderių ar kitų apskaitos dokumentų. Tai gali sukelti liūdnų pasekmių kreditoriams.

Tai ypač akivaizdu PĮ statybos-remonto įmonių atveju. Šioje veiklos srityje užsakovas dažniausiai sumoka avansine forma statybos PĮ (rangovui) ne tik už darbą, bet ir už medžiagas, kurios naudojamos statybai. Rangovas (PĮ), pristatęs tam tikrą darbo etapą, pateikia sąskaitą-faktūrą. Suma, esanti sąskaitoje, gali būti labai didelė (kadangi apima ir medžiagas). Ir, jeigu tokios PĮ savininkas miršta neišrašęs sąskaitos-faktūros, niekas daugiau nebegali jos išrašyti (bent jau įmonės vardu). Todėl užsakovo įmonė (visai nesvarbu ar tai UAB, AB ar PĮ) negalės įtraukti į savo apskaitą faktiškų išlaidų. Akivaizdu, kad tai gali sukelti ir mokestinių problemų ir net, kraštutiniu atveju, galbūt baigtis užsakovo bankrotu.

PĮ savininkui susirgus, atsiranda dar įdomesnės teisinės problemos. Tai – fiduciarinės teisės klausimai. PĮ savininkui susirgus (pavyzdžiui, jis guli komos būsenoje arba kitaip yra sunkiai susirgęs), ar kažkokiu būdu automatiškai kam nors pereina įgaliojimai valdyti įmonę? Ne. Reikia dėl viso to iš anksto pasiruošti, o tai paprastai nedaroma. Ar tai gali nubaidyti galimą klientą? Taip. Sandoris, sudarytas kito asmens vardu, nesant įgaliojimui, sukuria ... teises ir pareigas atstovaujamajam tik tuo atveju, kai atstovaujamasis po to tokiam sandoriui pritaria. (1964 m. CK 66 str.) Jis gali ir nepritarti. Todėl tokiu atveju asmenys, veikiantys už PĮ savininką, turėtų elgtis labai atsargiai, kad patys sau neužsitrauktų įsipareigojimų.

Ilgainiui galima sunkiai susirgusį PĮ savininką pripažinti neveiksniu. Tačiau tai neatsitinka savaime: turi būti suinteresuotas asmuo, kuris inicijuotų teisminį procesą. Gydytojai turi nustatyti diagnozę ir pristatyti išvadas teismui.

Teismas gali paskirti susirgusiajam globėją. Tokiu atveju PĮ savininko duoti įgaliojimai pasibaigia. Dabar jo visais reikalais, taip pat ir jo įmone, rūpinasi globėjas. Gali būti, kad globėjas nieko nenusimano apie PĮ savininko verslą. Beje, visa procedūra gali užsitęsti.

Trumpai palyginkime situaciją po PĮ savininko mirties su situacija po UAB administracijos vadovo mirties. UAB darbuotojų darbo sutartys išlieka: jos sudarytos su pačia bendrove. Nors administracijos vadovas – vienintelis akcininkas, vis dėlto veikla gali tęstis: jo palikuonys tampa akcininkais ir išrenka kitą administracijos vadovą. Panašiai atsitinka, jeigu administracijos vadovas sunkiai suserga. Protingas administracijos vadovas, jei jis vienintelis ar pagrindinis bendrovės akcininkas, bus įgaliojęs vyriausiąjį finansininką ar kitą administracijos darbuotoją veikti jo vietoje jam susirgus, arba jo ligos atveju bus palikęs patikėtiniui (žmonai ir t.t.) įgaliojimą balsuoti jo akcijomis . Būtina įsidėmėti, kad įgaliojimas gali būti bet kada panaikintas. Jei bendrovė yra kiek didesnė, tada iš viso nėra problemų: akcininkai išrenka naują administracijos vadovą ar bent jo pavaduotoją, galintį veikti tol, kol pirmasis administracijos vadovas serga.

Šiame straipsnyje buvo aptarti personalinių įmonių privalumai: jas (bent iš pradžių) lengviau valdyti, savininkui nereikia dalintis pelnu, savininkas pats niekieno nekliudomas sprendžia veikimo klausimus. Kai personalinė įmonė tampa kiek didesnė, iškyla problemų, jei savininkas miršta ar sunkiai suserga. Jei mirtų, niekas nebegali išrašyti įmonės vardu jokių apskaitos dokumentų, įskaitant sąskaitų-faktūrų. Jei savininkas susirgtų, prarastų sąmonę, tiktai tie, kurie jau turi jo įgaliojimus, galėtų jo vardu sudaryti sandorius. Kiti, nesvarbu ar tai žmona ar vaikai, ar darbuotojai, veikia rizikuodami, kad savininkas atsigavęs nepripažins jų sudarytų sandorių. Bet tai nereiškia, kad PĮ yra blogas dalykas. Tik reikia, kad jo savininkas gerai apmąstytų savo veiklą. Jei PĮ kiek didesnė, rekomenduotina persiorganizuoti į bendrovę. Tam ir yra verslo advokatai, kad padėtų visais šiais klausimais.

Dėl tam tikrų teisinių nesąmonių

Apskaitos, audito ir mokesčių aktualijos
2009 m. rugsėjo 28 d., pirmadienis, Nr. 36 (564)[64]

Kolekcionuoju lietuviškas sutartis. Randu jau tokių kuriozinių variantų; jeigu sutartys būtų gyviai, galėčiau eksponuoti šalia pūkuotų dinozaurų. Milijonai eitų pasižiūrėti.

Ne tik Lietuvos ar kitų Rytų Europos šalių teisėje galima aptikti nesusipratimų. Pastarųjų būna ir Europos Sąjungoje. Europos Sąjungos teisės aktai teoriškai turi 23 vienodai oficialias redakcijas, kadangi priimami visų valstybių narių oficialiomis kalbomis. Oficialusis leidinių biuras spausdinta visas redakcijas: paskelbiamos kiekvieno teisės akto 23 redakcijos. Tačiau ... pasitaikė, kad kurį laiką oficialusis leidinių biuras spausdino vienos kalbos redakcijas *visai kita (tai yra, svetimos valstybės) kalba*. Bet praktiškai niekas to nepastebėjo ... tik po ilgesnio laiko buvo imtasi spausdinti tikrąja kalba. Tai, kad spausdinta visai kita kalba, atrodo, niekam nesudarė problemų ...

---

[64] Šį straipsnį redakcija atspausdino pakeistu pavadinimu: *Teisėje dar nemažai teisinių kuriozų.*

Lietuvoje taip pat galima aptikti įvairių nesąmonių (atsiprašau, jeigu tai šokiruoja).

Nesąmonė Nr. 1 (ne pagal svarbą). Džiaugiuosi, kad panašu, jog vienas nesusipratimas jau traukiasi iš mūsų pasaulio. Kalbu apie termino *uždaroji akcinė bendrovė* vertimą į anglų kalbą. Šiais laikais yra verčiama tiksliau. Turėtų būti kažkas panašaus į *closed stock corporation* arba *non-public limited liability company*. Arba tiesiog *corporation* ir viskas. Tačiau kažkodėl labai dažnai UAB buvo verčiama *joint stock company* (JSC). Tai visiškai nesąmonė. *Joint stock company* yra primityvi partnerystės forma, tai yra, *neribotos* atsakomybės įmonė.

JSC skiriasi nuo paprastos partnerystės tiek, kad asmuo, kuriam priklauso 30 procentų JSC akcijų, atsakys savo turtu tik iki 30 procentų JSC skolų. Reiškia, jeigu JSC nemoki ir kreditoriui skolinga milijoną piniginių vienetų, kreditorius iš akcininko gali išieškoti tik tris šimtus tūkstančių piniginių vienetų (jeigu tai būtų ne JSC o paprasta partnerystė, galėtų išieškoti visą milijoną iš bet kurio partnerio).

Įdomu, kad neteisingas JSC pavadinimo vartojimas yra paplitęs per visą postsovietinę erdvę. Neseniai skaičiau knygą apie Vietnamo verslo teisę—ir ten tas pats nesusipratimas. Man atrodo, kad galbūt neteisingą vertimą UAB į JSC pradėjo tam tikra centralizuota vertimų instancija, kuri sovietmetyje egzistavo Maskvoje. Kitaip nepaaiškinsi.

Tarp kitko, neatsakingas JSC termino vartojimas gali turėti ir pasekmių: jeigu akcininkai teigia, kad įmonė yra neribotos atsakomybės, yra argumentas, kad jie yra prisiėmę neribotą atsakomybę ... Kitaip sakant, asmuo gali neturėti tam tikros atsakomybės, tačiau visuomet gali ją prisiimti: čia būtų toks atvejis.

Patarimas: Raidžių *UAB* neversti. Jeigu reikia šią formą apibūdinti anglų kalba, rašyti *a closed corporation* arba paprasčiausiai *corporation*. Net *limited corporation* būtų priimtina. Tačiau negalima versti „limited liability company" –

tai yra labiausiai paplitusi JAV forma, panaši į TŪB tačiau su ribota atsakomybe. Tai tikrai ne UAB.

Nesąmonė Nr. 2. Daug kartų klientai man yra atsiuntę komercinių patalpų ar biurų nuomos sutartis (dažniausiai dar jų nepasirašę, nors yra buvę ir kitaip). Iš sutarčių matyti, kad buvo gan daug ir detaliai derėtasi. Šios sutartys paprastai sudaromos kelerių metų terminui; tai gan normalu, kadangi abi šalys turi turėti tam tikrą stabilumą, ypač, sakyčiau, nuomininkas, kuriam ne visuomet bus taip lengva išsikelti į tinkamas patalpas.

Kaip jau sakiau, paprastai tokiose sutartyse numatomas kelerių metų terminas. Tačiau tiek kartų mačiau tiksiančią bombą. Matyt, verslininkai ar juristai, ar dar kažkas, yra arba labai linkę vienas iš kito beždžioniauti arba veikia kažkoks laukas, kadangi ta pavojinga sąlyga yra ganėtinai paplitusi ... Paplitęs būtent toks tekstas: *Šalis turi teisę nutraukti šią sutartį įspėjus kitą šalį apie tai 30 d. iš anksto.*

Kas blogai su tokia sąlyga? Skamba labai laisvai: juk kas čia blogo, jeigu šalys sutaria iš anksto nutraukti sutartį? Juk laisvas kraštas, galima susitarti kaip norima.

Problema yra ši: esant tokiam punktui, bet kuri iš šalių gali, tai yra turi ir teisę ir galimybę arba galią ta teise pasinaudoti, nesitarus su kita šalimi, nutraukti sutartį bet kurio metu (nutraukimas įsigalioja 30 d. po pranešimo). Ir tai reiškia, kad nors derėtasi ir galvojama, kad sutartis yra, tarkime, penkerių metų terminui, iš tikrųjų sutartis yra realiai tik 30 d. terminui, kadangi garantuota tik 30 d. nuomos terminas. Visa idėja nuomos termino yra tai, kad ... būtų nuomojama tam (ilgesniam) terminui. Tai yra, kad nuomos santykiai tarp šalių egzistuotų tam tikrą (ilgesnį) laiką, tam, kad abi šalys galėtų stabiliai planuoti ateitį.

(Reikia nepainioti – čia apibūdinamos situacijos, t.y., sutarties nutraukimas grynai šalies valia, su galimybe nutraukti sutarti, kai kita šalis jos nevykdo (rimtai pažeidžia). Pastaroji situacija visai kas kita; ji egzistuoja tik esant tam tikrai sąlygai, o šita priklauso grynai nuo šalies valios.)

Norėtųsi pridurti, jog gaila, kad nėra sudaryta neutralių sutarčių banko ar duomenų bazės. Tokių yra kai kuriose šalyse (pvz., JAV). Tai supaprastina vartotojų ir smulkių įmonių gyvenimą. Lietuvoje yra paplitusi vienos didelės tarptautinės nekilnojamojo turto agentūros paruošta sutartis (beje, egzistuoja jos variantas anglų kalba). Ši sutartis baisi, netinkama ir net pavojinga. Pamatę, bėkite nuo jos.

Nesąmonė Nr. 3. Jeigu gydotės sveikatos priežiūros institucijoje ir dėl medikų aplaidumo jums yra padaroma žala, tiek įstatymai, tiek paprastas teisingumas nustato, kad galite žalos atlyginimą išsiieškoti. Nieko čia ypatingo.

Kas yra nesąmoninga yra tai, kad, kai dėl medikų aplaidumo pilietis nukenčia Balbieriškyje ar Neringoje, jis negali pateikti ten pat ieškinio. Teisybę pasakius, jis niekur negali pateikti ieškinio, kadangi pirmiau jis privalo pateikti skundą atitinkamai komisijai. Komisija, beje, yra tik Vilniuje. Ji vadinama „Pacientų sveikatai padarytos žalos nustatymo komisija.“

Atsižvelgiant į tai, kad didesnė Lietuvos gyventojų dauguma gyvena ne Vilniuje, tai reiškia, kad reikalavimas kažką daryti Vilniuje yra apsunkinimas jau ir taip nukentėjusiam asmeniui. Todėl tokia komisija nėra naudinga.

Praktiškai kiekvieną (!) komisijos sprendimą ligoninė ar pacientas vis tiek skundžia teismui. Komisija pati neturi laiko kaip reikiant išnagrinėti šiuos atvejus (abejoju, net, ar tai iš vis įsivaizduojama be įrodymų, gaunamų tik teisminiame procese). Visi komisijos nariai dirba kažkur kitur (tai galima suprasti iš įsakymų, kuriais jie skiriami į komisiją).

Reiškia, kad pozityvios įtakos ši komisija neturi. Ji veikia tik kaip stabdis, kliūtis. Apsunkina jau ir taip sunkiai sergančių gyvenimą. Keisčiausia yra tai, kad ir pačios ligoninės jos nelabai nori. Taigi šios komisijos „institutas" netarnauja nei ligoninių interesams, nei buvo sukurtas ligoninių prašymu.

Žinoma, jeigu labai reikia, galima tokių komisijų dar daugiau įkurti. Galima numatyti, kad visas procesas jose vyktų tik trečiadieniais ir tik ispaniškai. Galima važiuoti iš Kauno į Klaipėdą tik per Vilnių ar Rygą. Galima. Viskas galima. Ir viskas turi savo kainą, jei ne ekonominę, tai pilietinę.

Beje, yra tikimybė, kad ši tvarka pažeidžia Konstitucijos 30 str. (*Asmuo, kurio konstitucinės teisės ar laisvės pažeidžiamos, turi teisę kreiptis į teismą.*) Arba asmuo turi arba neturi teisės kreiptis į teismą. Išeina, kad neturi.

Galiu pridurti, kad man labai nepatinka tvarka, pagal kurią, kaip advokatas, norėdamas apskųsti kliento vardu valdžios instancijos veiksmą, padarytą Kaune esančių valstybės tarnautojų, man dar būtina vykti į tą pačią instanciją Vilniuje (ten pateikti skundą). Tegul tos instancijos tarpusavyje susitvarko ir palieka mus ramybėje. Ar tai reiškia, kad kaunietiškos instancijos sprendimas dar ne rimtas? Nežinau, ką tai reiškia. Žinau tik, kad tai taip pat nesusipratimas. Valdžios sprendimas Kaune ar Klaipėdoje atrodo labai panašus į valdžios sprendimą Vilniuje, bent iš piliečio pusės žiūrint. Žinoma, biurokratams labai patogu. Bet kam tada iš viso turėti bet kokias valstybės instancijas „provincijose"? Reikia popieriuko, važiuojame į Vilnių! Toks matyt jau yra mūsų šūkis.

Nesąmonė nr. 4. Jau seniai (1996 m.) Lietuvos teisininkai yra pastebėję, kad yra tam tikra mitologija gaubianti įmonių antspaudus. Net ir tais laikais nebuvo įstatymuose jokio reikalavimo, kad įmonės privalo sudaryti sandorius ir t.t., naudojant įmonės antspaudą. Ir dabar nėra.

Įmonės antspaudo naudojimas pagal paskirtį yra jo panaudojimas (pagal Civilinį kodeksą) įgaliojimams rašyti (nors įgalinti atstovą galima ir kitaip). Dar tarptautinėje praktikoje jis naudojamas tam tikras akcijas (vertybinius popierius) žymėti (nors, teisybę pasakius, tai kitoks antspaudas).

Šiais laikais situacija yra kiek pagerėjusi, ypatingai atsižvelgiant į elektroninių sutarčių paplitimą. Vienu metu buvo visai blogai. Viena auditorė pasakojo, kad mokesčių inspektorius suabejojo dėl užantspauduoto dokumento; teigė, kad tai ne originalas, o kopija, ir todėl negalioja. Auditorė įrodė, kad antspaudas tikras ... patrindama jį pirštu.

Galima nustatyti, kad sutartis negalios iki kol jo nepatvirtins įmonės advokatas (arba generalinis direktorius ar pan.). Tai padaroma (derybų metu) apie tai pranešant kitai šaliai. Geriausiai, žinoma, kažkokiu būdu, kuris prilygsta raštui (e-paštas ar pan.). Tokiu atveju, sutartis iš tiesų negalioja iki patvirtinimo. Nebent ji pradėtų būti vykdoma.

Nesąmonė Nr. 5. Force majeure. Šiaip, nenugalimos jėgos (prancūziškai, *force majeure*) institutas yra tiesiog teisinis institutas ir pats jis, kaip institutas, nėra nei absurdiškas nei nesąmoningas. Tačiau tai vienas iš subtilesnių institutų, o dažnai šalys savo sutartyse reikalą visiškai „sumakaluoja".

Visų pirma, ar būtina įtraukti į sutartį punktą dėl *force majeure*? Ne. Todėl, kad Civilinis kodeksas (CK) galioja visoms sutartims ir CK *force majeure* nuostatos yra visai geros. Atkartoti CK nuostatas nereikalinga (ir yra tiesiog pavojinga – jeigu kažką praleisite ar pakeisite). Jeigu labai norima, patartina įrašyti tik, kad, esant *force majeure* aplinkybėms, šalių įsipareigojimus reglamentuoja CK.

Žinoma, gali būti prasmės įtraukti punktą apie *force majeure*, jeigu norima detalizuoti šio instituto veikimą. Galima, pavyzdžiui, nustatyti, kad tam tikra išvardinta aplinkybė bus laikoma nenugalima jėga. Jeigu taip, nebent tai absurdas, teismas turėtų pagal tai spręsti kilusius klausimus. Tačiau visa tai aukštoji teisinė matematika.

Kartais dar apsireiškia kaip šmėkla tam tikras pirmos rūšies nesusipratimas, kuris turėtų išmirti kaip dinozauriška atgyvena. Jeigu jūsų kontrahentas pasiūlytų nenugalimos jėgos sąlygas, kuriose nurodoma į 1996 m. liepos 15 d. Vyr. nut. Nr.

840 (Žin., 1996, Nr. 68-1652), reikia bėgti. (Teisybę pasakius, aš neseniai mačiau tokią nuorodą sutartyje, kuri naudojama pačios Mokesčių inspekcijos! nuo kurios nelabai pabėgsi ...)

Civilinis kodeksas buvo priimtas 2001 metais; šis nutarimas penkmetį anksčiau. Apart kitko, o to kitko daug, paprasta logika leidžia daryti išvadą, kad jis nesuderintas su galiojančiu CK.

Iš tikrųjų, minėtas Vyriausybės nutarimas buvo sukurtas pagal keistą įstatymą, kurio pagrindinė mintis buvo ta, kad asmuo, norėdamas įrodyti *force majeure*, nueina *ex parte* (tai reiškia vienas, be kitos šalies) į ... prekybos rūmus kur jam išrašomas tam tikras *force majeure* sertifikatas.

Deja, tai nesąmonė. Nenugalimoji jėga yra teisinė sąvoka. Visų pirma, reikia teismui nustatyti prievolės esmę: tik tada galima nutarti, ar prievolininkas galėjo ją įvykdyti ar negalėjo dėl nenugalimos jėgos. Visa tai reikalauja gilios teisinės analizės ir, teisybę pasakius, abiejų šalių (jų advokatų) argumentų. Beje, kaip jau minėta, lygtai pagal Konstituciją tik teismai vykdo teisingumą, o čia lyg ir būtų kažkokios kitos instancijos išvadų primetimas teismui, kas yra negalima.

Ką reikia daryti tokiu atveju, kai kontrahentas pasiūlo šią nesąmonę? Jokiais atvejais nepulkite aiškinti jos nesą-moningumo (nebent dėl to, kad nutarimas priimtas penkmetį prieš CK), o tiesiog pasiūlykite, kad reikalą reglamentuotų CK. Sunku ginčyti nuorodą į įstatymą.

Nesąmonė Nr. 6. Tarėjai. Dar tarėjų nėra, bet manau, kad netrukus bus. Deja. Pagal turimus duomenis, teigiama, kad tarėjai egzistuoja daugelyje Vakarų Europos šalių, o t.p. Rusijoje; planuojama įvesti tarėjus į civilinių bylų nagrinėjimą. Tarėjai būtų renkami ir dalyvautų teismų procese, kai to reikėtų; kitu metu dirbtų savo civilinius darbus. Tarėjai, kaip žinoma, egzistavo Sovietmetyje.

Visų pirma, tarėjai kaip tokie egzistuoja tik Vokietijoje. Visur kitur tai prisiekusieji (įskaitant, pavyzdžiui, Belgiją ir Prancūziją). Skirtumas tarp tarėjo ir prisiekusiojo yra tai, kad skiriasi jų funkcijos .

Akivaizdu, kad žmonės iš gatvės nežinos teisinių taisyklių. Jie gali būti naudingi tik atliekant kitas funkcijas. Kas tai galėtų būti? Tada, kai reikia vertinti faktus *pagal žmogiškąjį supratimą*. Tai yra, ar įvyko šitaip? Kiek tai tikra? Ar galima patikėti Pavardaičio liudijimu? Ar taip būna iš tikro? Ar tai skamba tikroviškai? Eilinio žmogaus nuomonė tokiais atvejais yra bent tolygi teisėjo nuomonei, ypatingai atsižvelgiant į tai, kad teisėjai gyvena gyvenimą, kuris ganėtinai atskirtas nuo eilinių piliečių. Jeigu tokie vertinimai daromi grupės žmonių, dar didesnė tikimybė, kad bus teisingai įvertinama, kadangi grupės patirtis yra didelė, plati, platesnė negu vieno žmogaus.

Kur teisėje tokie vertinimai yra labiausiai tinkami? Kur jautriausia vieta? Baudžiamojoje teisėje. Taip ir yra: visur Europoje, kur yra patikėtiniai arba tarėjai, jie naudojami tik baudžiamosiose bylose. O Lietuvoje yra planuojama įvesti tarėjus tik civilinėse bylose! Ten, kur jų mažiausiai reikia; ten, kur mažiausiai yra tam precedento kitose šalyse.

Tarėjai nuo prisiekusiųjų skiriasi iš esmės savo funkcija. Tarėjai formaliai yra lygūs teisėjui. Nėra taip, kad jie spręstų *tik* dėl įrodymų. Prisiekusieji tačiau, sprendžia tik dėl įrodymų; o kas yra teisėtas įrodymas, kurie įrodymai yra leidžiami, sprendžia tik teisėjas. Jis taip pat sprendžia visus procesinius klausimus. Nebent įstatymas skirtų tarėjo ir teisėjo funkcijas, nematau nieko gero iš šio sumanymo (o jeigu tikrai skirtų, tai jau būtų prisiekusieji). Su tarėjais ir teisėjais ... viskas „sumakaluota.“ Gal kai kam tai patogu. Matyt.

Aš nesu ypatingai už prisiekusiuosius, bet jeigu jau reikia įvesti, įvesti reikia protingai, o tai reiškia, kad reikėtų įvesti prisiekusiųjų institutą. Dėl to vis kartojami du argumentai, kurie yra nesąmonė. Pirma, sakoma, kad tai kainuos; klausiama, kas apmokės už prisiekusiųjų apgyvendinimą viešbučiuose, t.t. Atsakymas yra toks: esate prisižiūrėję per daug filmų. Šitaip JAV, kur yra prisiekusiųjų institutas, būna tik labai labai retai, pačiose svarbiausiose bylose. Ir JAV negalėtų apmokėti už viešbučius, jeigu iš tiesų būtų visi prisiekusieji ten apgyvendinami.

Antras argumentas yra tai, kad prisiekusieji sprendžia pagal emocijas. Deja, tai ne argumentas. Jie negali spręsti pagal teisę; t.y., ne jų funkcija spręsti teisinius klausimus. Tai ne jų paskirtis. Jie sprendžia dėl aplinkybių, nutaria, kas atsitiko. Nors jie turi spręsti objektyviai, pagal įrodymus, bet jie neišvengiamai ir net privalomai turi tuos įrodymus vertinti pagal savo gyvenimišką patirtį. Tai nėra blogai. Advokatas, gindamas savo klientą, privalo siūlyti prisiekusiesiems vertinti įrodymus pagal jų patirtį. Galbūt tai galima apibūdinti kaip apeliaciją į emocijas, nors nemanau, kad tai tikslinga, kadangi vertinti aplinkybes, spręsti kaip buvo ar nebuvo, reikia atsižvelgiant į visą savo gyvenimišką patirtį, į kurią įeina ir socialiniai santykiai, o jeigu taip, tai įeina ir „emocijos." Ypatingai tai svarbu, jeigu klausimas yra, ar asmuo, kaltinamas žmogžudyste, padarė tam tikrą veiką *tyčia*.

Baudžiamojoje teisėje žmogaus tikslas, t.y. veikos sąmoningumas, yra pagrindinis klausimas, nulemiantis ar žmogus yra padaręs, ar nepadaręs tam tikro nusikaltimo. Kitaip sakant, ta pati veika gali būti teisėta arba gali būti pakaltinama pagal kelerius baudžiamojo kodekso straipsnius, o skirtumas yra tik vertinant kiek sąmoningai veika buvo atlikta („kvalifikuojant" sąmoningumą). Tai padaryti iš esmės reikia suprasti, įsivaizduoti, vertinti emocijas. Žmogus nėra robotas ir negali būti vertintas robotų ar robotiškai, mechaniškai, be žmogiškumo elemento. Todėl sakyti, kad „prisiekusieji vertina pagal emocijas" kaip argumentas prieš prisiekusiųjų institutą yra tautologiškas („katinai yra nepageidaujami todėl, kad jie yra katinai").

Labai geras pavyzdys neseniai buvo aprašytas ir norintieji gali jį susirasti internete. JAV gyvenantis žmogus negydė savo mažametės dukros, tikėdamas, kad Dievas išklausys jo maldas ir ji pasveiks. Ji mirė. Prokuroras apkaltino tėvą žmogžudyste. Viskas priklauso nuo vertinimo ir, beje, nuo visuomenės, filtruojamos per prisiekusiųjų pasąmonę, toleranciją ar požiūrį į apkaltintojo veiką, įsitikinimus. Yra akivaizdu, kad visa ši istorija yra liūdna ir nesvarbu kaip būtų išspręstą gera valia galima ginčyti sprendimą. Todėl, mano atrodo, kad geriau yra, jeigu tokias bylas sprendžia ne teisinis biurokratas, elito atstovas, o ... liaudies taryba, t.y. prisiekusieji.

Paminėsiu dar vieną teigiamą prisiekusiųjų poveikį, kuris nėra iš esmės teisinis. Veikiantis prisiekusiųjų institutas sumažina atstumą tarp valdžios ir gyventojų (piliečių, žmonių, liaudies); esant prisiekusiųjų institutui, žmonės jaučiasi labiau įgalinti, dalyvaujantys teisingumo procese; tai labai stiprina pilietiškumo jausmą, atsakomybės jausmą. Šiuo metu lietuviai maždaug kas ketverius metus pakeičia parlamento daugumą ir maždaug tiek ir teturi įtakos, maždaug tiek ir dalyvauja visuomeniniame gyvenime kaip piliečiai (ir maždaug tiek ir tegali jame dalyvauti, nebent ... turi pažinčių ar neša kyšį). Kaip Alexis de Tocqueville (Tokvilis) yra rašęs, prisiekusiųjų institutas *yra svarbiausia pilietiškumo demokratiniame kontekste mokykla.*[*]

Šitas pilietiškumo stiprinimas, pilietiškumo mokyklos funkcija, yra tikrasis ir net vienintelis tikras argumentas, kodėl prisiekusiųjų institutas turėtų būti įvedamas. Kiti argumentai ne stiprūs, kadangi vienaip ar kitaip bylos bus sprendžiamos; ir teisėjai, nors priklauso teisiniam-biurokratiniam elitui, žmonės.

---

[*] Alexis de Tocqueville, *Democracy in America* Ch. 16 (1836), *talpinama* http://xroads.virginia.edu/~hyper/DETOC/1_ch16.htm.

Europos sutarčių teisės principai

Apskaitos, audito ir mokesčių aktualijos
2008 m. birželio 9 d., nr. 22

EUROPOS SĄJUNGA (ES) vis labiau integruojasi. Įstatymai ir teisinės sistemos vis labiau suderinamos. Tačiau ne viskas yra suderinta ir tai yra esminių ginčų objektas – kur turi būti suderinimo ribos. Vienok, yra akivaizdu, kad, jeigu būtų civilinis kodeksas arba bent sutarčių teisės kodeksas, kuris galiotų visose ES valstybėse, ES ekonomika būtų dar labiau integruota. Deja, nors ES Parlamentas net du kartus yra pritaręs idėjai, kad turėtų būti parengtas ES civilinis kodeksas, tokio kodekso dar nėra.

Iš tikrųjų, yra Lietuvos ratifikuota *Tarptautinė prekių pirkimo-pardavimo konvencija (CISG).* Beveik visos ES valstybės narės taip pat ratifikavo šią konvenciją. Tačiau tai apima tik prekybą, ne gamybą ar distribuciją. Beje, *CISG* specifiškai neapima klausimų dėl sutarties negaliojimo esant apgaulei, prievartai, ir (tikslo bei objekto) teisėtumo. Visi pastarieji klausimai yra sprendžiami pagal vietinės jurisdikcijos teisę, kuri nėra, kaip jau minėta, suderinta iki galo. Taipogi įsidėmėtina, kad ne visos ES valstybės yra konvencijos šalys:

pavyzdžiui, viena iš svarbiausių, Anglija, nemato jokio reikalo prie jos prisijungti.

Yra ir UNIDROIT komercinių sutarčių principai. Jas gali pasirinkti sutarties dalyviai, esantys skirtingose šalyse, ir taip yra dažnai daroma paslaugų sutarčių srityje, ypatingai kai sutartis numato arbitražą. UNIDROIT principai yra vadinamosios *„soft law"* („švelniosios teisės") pavyzdys: neprivaloma, šalių laisvai pasirenkama, privačios iniciatyvos sukurta teisinių taisyklių sistema. Tačiau UNIDROIT, nors ir geras pasirinkimas, visų pirma yra naudojama tik labiau pažangių, „išprususių" įmonių ir, antra, UNIDROIT galioja tik, jeigu šalys specialiai ją pasirenka. Taip pat, panašiai kaip ir su *CISG*, lieka imperatyvinių teisės normų suderinimo problema.

Yra ir argumentų prieš Europos sutarčių kodekso įvedimą. Kai kas teigia, kad tai yra neįmanoma, nes neįmanoma pakankamai suderinti įvairių ES valstybių sutarčių teisės principų, kad naujasis kodeksas būtų priimtinas visiems. Kitas argumentas būtų tai, kad naujasis kodeksas, jeigu būtų privalomas ir vidaus sutartims (ne tik sutartims tarp asmenų, esančių skirtingose ES valstybėse), būtų išguita vietinė, valstybinė, sutarčių teisė, o tai būtų praradimas tam tikro nuolatinio atsinaujino; naujų teisinių formų bei idėjų atsiradimas būtų prislopintas. Taigi, kai kurie teigia, kad Europinis sutarčių teisės kodeksas turėtų būti tik komercinis ir taikomas tik sutartims tarp dalyvių, esančių skirtingose ES valstybėse. Kai kas teigia, kad ES neturi įgaliojimų priimti sutarčių teisės kodeksą.

Kontra-argumentų, atrodo, yra daugiau. ES politika skatina vartotojus ieškoti paslaugų ir pirkti prekes iš už savo valstybės ribų, tačiau ES sudėtyje; tokiais atvejais būtų taikytina ne vartotojų buveinės teisė, o pardavėjo šalies teisė; panašu ir internetu sudarytų sutarčių atveju – vartotojams gali būti iš viso neaišku, pagal kurios valstybės teisę sutartis sudaryta. Net tokios tradicinės vartotojų teisių normos kaip teisė pasitraukti iš sutarties (angl. *right of withdrawal*) nėra suderinta tarp ES valstybių. Nėra suderintos net terminų skaičiavimo taisyklės. Taigi, ko gero, Europinis sutarčių teisės kodeksas siektų apimti ir vartotojų teises – ir galbūt turėtų galioti ir vietinėms sutartims. Argumentas, kad ES neturi įgaliojimų priimti tokio teisės akto, nelabai stiprus, o taip pat galimas ir kitas variantas – tiesiog atskira tarptautinė konvencija.

Faktiškai, jau yra padarytas didžiulis darbas link Europinio sutarčių teisės kodekso. 1980 metais pradėjo dirbti vadinama „Komisija dėl Europinio sutarčių teisės kodekso", kuri 1999 metais paskelbė „Europos sutarčių teisės principus" (angl. *Principles of European Contract Law*) (toliau – PECL). 2003 metais *PECL* buvo papildytas nauja, trečiąja, dalimi.

PECL kūrimas buvo neeilinis atvejis. Visų pirma, komisija, kuri parengė *PECL*, nors sulaukusi tam tikrų valstybių paramos, buvo privati. Valstybės nedelegavo atstovų. Į komisiją atstovai buvo kviečiami. Iniciatorius ir pagrindinė šito gigantiško užmojo varomoji jėga buvo vienas Kopenhagos verslo mokyklos (*Copenhagen Business School*) profesorius, Ole Lando. Komisiją netrukus buvo pradėta vadinti *Lando komisija*.

Lando komisija kaip modelį savo darbui paėmė Amerikos sutarčių teisės *Restatement (liet. Persakymas)*. Kaip Komisija yra aiškinusi, ES yra „kūrusi europinį akademinių teisininkų režimą, kurio platforma yra Europa" (ne individualios jos valstybės narės) ir „kurių darbai ir rašiniai yra susiję su ateities europine teise. Šis naujasis, transnacionalinis, režimas yra panašus į Amerikos. JAV moksliniai straipsniai apie sutartis – kaip ir apie kitas teisines sritis – yra rašomi apie problemas ir klausimus, kurie yra bendri visoms Amerikos valstijoms, nes yra ganėtinai didelių skirtumų tarp įvairių valstijų sutarčių teisės. Bet šie skirtumai nesustabdo debato, kuris kaip pamatą turi bendras sąvokas ir bendrą teisinę metodiką." Pasak Komisijos, bendros sąvokos ir metodologija kuriasi ir Europoje, o „Amerikos ir naujoji europinė santvarka įkvepia viena kitą." Net galima sakyti, anot Komisijos, kad „kartu su teisininkais iš kitų šalių kuriasi pasaulinis akademinių teisininkų luomas."

Komisija paaiškino, kad atsižvelgiant į visa tai, jos nariai parašė Europos sutarčių teisės principus pagal pirmiau apibūdintą JAV *Restatement* modelį, kuriame pateikiamos „išgrynintos" sutarčių teisės taisyklės kartu su paaiškinimais, pavyzdžiais ir komentarais. Taip pat galima paminėti, kad JAV *Restatement* yra „švelnosios teisės" pavyzdys, neturintis įstatymo galios ir privačios iniciatyvos rezultatas. Tačiau, pasak Komisijos, visuomet buvo siekiama, kad jos ruošiami Principai *(PECL)* būtų „*pirmas žingsnis*" link įstatymo, tai yra, link sutarčių teisės kodekso, kuris turėtų įstatymo galią visoje ES. Tuo *PECL* skiriasi nuo JAV *Restatement*.

Pasak Komisijos, „[j]okia viena teisinė sistema nesudarė Principų pagrindo. Komisija atsižvelgė į visas valstybių narių teisines sistemas, tačiau ne kiekviena iš jų turėjo įtakos kiekvienam nagrinėtam klausimui. Taip pat buvo atsižvelgta į kitų, ne Europos Sąjungos narių, teisines sistemas. Žiūrėta buvo ir į JAV *Restatement on the Law of Contracts* ir į egzistuojančias konvencijas, kaip antai į Jungtinių Tautų pirkimo pardavimo sutarčių konvenciją. Vis dėlto, kai kurie Principai yra paruošti remiantis idėjomis, kurios dar nėra realizuotos jokioje valstybės teisėje. Trumpai tariant, Komisija bandė įtvirtinti tuos principus, kurie, ji nuomone, yra geriausi pagal šiuo metu egzistuojančias Europoje ekonomines ir socialines sąlygas."

Europos sutarčių teisės principai reglamentuoja pagrindinius sutarčių teisės institutus: sutarčių sudarymą, jų galiojimą, interpretavimą, įsipareigojimų nevykdymą, įgaliotinių autoritetą, teisės gynimo būdus (angl. *remedies*), reikalavimo perleidimą, skolos perkėlimą, įskaitymą, sąlygas.

Vien *PECL* egzistavimas turi tam tikrą poveikį. *PECL* įrodo, kad protingi kompromisai gali būti surandami tarp įvairių ES (ir ne tik ES) šalių teisės normų. Tai, žinoma, paskata norintiems įvesti Europinį sutarčių teisės kodeksą. *PECL* taip pat veikia ar gali veikti kaip modelis ES valstybės narės šalims, norinčioms priimti reformas sutarčių teisės srityje. Akivaizdu, kad tai ypatingai svarbu Rytų Europos šalims, kuriose tik neseniai buvo atkurta privati nuosavybė ir privatūs, civiliniai santykiai.

Bet, galbūt, svariausias poveikis yra tai, kad dabar galima dėstyti *PECL* Europos teisės mokyklose ir tai veda į tam tikrą europinį arba net pasaulinį teisės mąstymą, gebėjimą teisininkui dirbti, veikti, modeliuoti, patarti daugianacionalinėje terpėje, ko, anot Komisijos, iki šiol trūko. Iš tiesų, rimčiau galima pastudijuoti, apart savo šalies, galbūt tik kitos vienos šalies teisę. Taigi Italijos teisės studentai iš esmės turi apsispręsti pasimokyti truputį apie Anglijos ar apie Prancūzijos teisę. Bet yra ir Švedija, Vokietija; yra ir Lietuva. Tačiau visi gali studijuoti *PECL*.

Galima pastebėti, kad ir dabar sutarties šalys gali nustatyti, kad jų sutartiniams santykiams būtų taikomas *PECL*. Žinoma, tokiais atvejais sutartis turėtų taip pat numatyti, kad ginčai sprendžiami ne teisme o arbitraže, nes kai kuriose šalyse galėtų būti, kad teismas atsisakytų taikyti *PECL*.

Yra moderni tendencija atsisakyti senesnių kodeksų reikalavimų, kad kiekvienoje sutartyje būtų galiojantis, teisėtas, tikslas ir apibrėžtas, legalus objektas. Galima sakyti, kad kai kuriuose kodeksuose šie institutai liko „pogrindyje," ir todėl visais atvejais studentui pravartu juos įsisavinti, tačiau *PECL* visiškai jų atsisako. *PECL* taip pat nereikalauja, kad sutartis būtų sudaryta bet kokia ypatinga forma ir ji gali būti įrodoma bet kokiu būdu.

Pavyzdžiui, pagal *PECL*, jeigu turtingas verslininkas viešai pažada už savaitės pervesti 100,000 eurų labdaros fondui, tai yra laikoma, pagal *PECL*, sutartimi. Fondas negavęs dovanos turi teisę į nuostolius. Pagal JAV, Didžiosios Britanijos, Prancūzijos, ir net Lietuvos teisę ši sutartis negaliotų arba nebūtų laikoma sudaryta. (LR CK 6.465 str. 2 d.: *Pažadas padovanoti turtą ar turtinę teisę arba atleisti nuo turtinės pareigos ateityje nelaikomas dovanojimo sutartimi.*) Tačiau Lando Komisija padarė išvadą, kad jeigu šalių valia yra būti *teisiškai saistytomis* ir jos *pakankamai apibrėžia* savo įsipareigojimus, to užtenka. Sutartis yra ir yra prisiimti įsipareigojimai, kurie privalo būti vykdomi.

PECL suteikia kreditoriui teisę į vykdymą natūroje. (Jeigu prievolė nevykdoma, galima, bendrai paėmus, arba išieškoti nuostolius, arba reikalauti, kad vis dėlto prievolė būtų įvykdyta, t. y., kreditorius gauna ne kompensaciją už neįvykdytą prievolę, o prievolę, įvykdytą natūroje.) LR CK taip pat suteikia tokią teisę, tačiau pasirenka „senovišką" variantą, kuriame vykdymas gali būti taikomas piniginėms prievolėms. Gaila, be jokio klausimo, *PECL* yra pažangesnis šiuo klausimu: vykdymo natūroje piniginių prievolių atžvilgiu nėra. *PECL* taip pat neišskiria preliminarinių sutarčių vykdymo natūroje, ir teisingai daro, nes preliminarinė sutartis yra iš esmės sutartis, kaip ir visos kitos. Be to, bet kas dirbantis nekilnojamojo turto pirkimo-pardavimo srityje Lietuvoje žino kokios bėdos yra siekiant garantuoti, kad pirkėjas turėtų teisę į vykdymą natūroje (o nekilnojamojo turto atžvilgiu tai yra itin svarbu, nes praktiškai kiekvienas žemės sklypas, namas, ar butas yra unikalus).

Tarptautinė integracija ir globalizacija, matyt, turi savo dėsnius ir veikia nesustabdomai. Tai akivaizdu sutarčių teisės srityje, o sutarčių teisė yra privatinės teisės šerdis; visi teisininkai ją daugiau ar mažiau studijuoja, geriau ar blogiau išmano. Sutartys yra pagrįstos nepriklausomų, individualių šalių suderinta valia ir todėl yra rinkos ekonomikos ir privačių asmenų iniciatyvos esminė ir autentiškiausia išraiška. O mūsų laikais vyksta spartūs pasikeitimai sutarčių ir transnacionalinėje teisėje. 1980 metais pasirodė Jungtinių Tautų prekių pirkimo pardavimo konvencija, 1994 m. UNIDROIT tarptautinių komercinių sutarčių taisyklės, 1999 m. – Europos sutarčių teisės principai. Visa tai padeda tiek individams, tiek įmonėms veikti tarptautinėje plotmėje. O visa tai reikalauja, kad būtų vis daugiau teisininkų, gebančių dirbti daugianacionalinėje terpėje. Ir ko

gero kada nors visai neužilgo turėsime vieną, vieningą europinį -
– galbūt pasaulinį? – sutarčių teisės kodeksą. Manau, kad tai bus
didelis žingsnis Vakarų civilizacijai ir didelis palengvinimas
individui realizuoti savo siekius.

Komercinių sutarčių principai

Apskaitos, audito ir mokesčių aktualijos
2008 m. vasario 11 d., pirmadienis, Nr. 6 (486)

DĖL GLOBALIZACIJOS tarptautinių sutarčių vaidmuo nemažėja. Sutarties šalių buveinės gali būti atskirose šalyse, o sutartis gali numatyti, kad prievolės būtų įvykdomos dar ir trečiojoje šalyje. Esant tokioms situacijoms, kyla du pagrindiniai klausimai: pirma, kurioje jurisdikcijoje (iš esmės, valstybėje) galima iškelti ieškinį ir, antra, kuri teisė yra taikytina. Šie du klausimai yra susiję, tačiau jie nėra tapatūs: viena jurisdikcija (tarkime, teismas Latvijoje) gali taikyti kitos (pavyzdžiui, Brazilijos) materialinę teisę nustatyti, ar sutartis buvo pažeista, t. y. ar prievolės buvo tinkamai įvykdytos.

Dažnai atsitinka taip, kad šalys sudaro sutartį ir tik vėliau teismuose sprendžia šiuos klausimus. Tai galbūt ne pati geriausia situacija, nes, kai neaišku, kuri sutarčių teisė yra taikytina, sunku suprasti savo paties (ar kontrahento) pareigas, prognozuoti ateitį, daryti atitinkamus sprendimus. Prekių pirkimo-pardavimo sutartyse ši problema iš dalies išspręsta. Supaprastinus pagrindinė taisyklė būtų tokia: jeigu kontrahentų buveinės yra skirtingose valstybėse ir jeigu tos valstybės yra pasirašiusios Jungtinių Tautų prekių pirkimo-pardavimo konvenciją (toliau –

Prekių konvencija), bus taikomos Prekių konvencijos normos. Lietuva yra pasirašiusi šią konvenciją.

Ar sutarties šalys turi teisę pačios nustatyti, kuri teisė taikytina tam tikrai sutarčiai? Bendrai, šalys turi tokią galimybę ir teismai tai pripažins. Europos Sąjungoje tai įtvirtinta Konvencija dėl sutartinėms prievolėms taikytinos teisės. Žinoma, jeigu tarp (fizinių ar juridinių) asmenų sudarytas susitarimas iš tiesų neturi tarptautinio pobūdžio, tai yra, jeigu sutarties sudarymo metu jos elementai yra susiję tik su viena valstybe, šalys negali tokiu pasirinkimu išvengti imperatyvių tos valstybės teisės normų. Tačiau ... imperatyvių teisės normų sutarčių teisėje nėra daug. Taigi šalys dažnai pačios sutartyje nustato, kuri teisė taikytina. Tada jos geriau žino, ką tikrai reiškia jų įsipareigojimai, gali lengviau ir aiškiau prognozuoti veiksmų reikšmę bei pasekmes.

Tačiau reikia išspręsti ir praktinį klausimą. Jeigu viena šalis veikia vienoje valstybėje, o kita kitoje, kurios valstybės teisė turėtų būti parinkta? Dėl prekių pirkimo-pardavimo sutarčių, kaip jau minėta, yra tam tikras neblogas šio klausimo sprendimas. O kaip dėl paslaugų sutarčių? Jų Prekių konvencija nereglamentuoja. Jeigu lietuviai norėtų sudaryti paslaugų sutartį su olandais, galbūt jie galėtų ir neprieštarauti, kad būtų taikoma Olandijos teisė. Juk tai išsivysčiusi šalis. Tačiau kiek lietuvių moka olandiškai? Galimas ir kitas klausimas – kiek Lietuvos advokatų gerai moka olandiškai? O kad ir mokėtų, juk jie nelicencijuoti Olandijoje, nėra studijavę Olandijos teisės. Lygiai taip pat galima sakyti apie Olandijos teisininkus: kiek iš jų išvis moka lietuviškai? O dėl Lietuvos teisės? O Pietų Korėjos, Japonijos, Kinijos? Teisybę sakant, kontrahentai gali turėti labai jau skirtingas koncepcijas apie savo sutartinius įsipareigojimus.

Tokiais atvejais galimi keli sprendimai. Sakoma, kad dėl pačių didžiausių, svarbiausių (paslaugų ir kitų) sutarčių šalys Europoje pasirenka kaip taikytiną Anglijos teisę. Kodėl būtent Anglijos? Net iki Lietuvos ir kitų 11-kos neseniai į ES įstojusių šalių, 47 % Europos gyventojų mokėjo anglų kalbą (kaip pirmą užsienio kalbą). Tai viena svarbi priežastis. Jokia kita kalba nėra taip paplitusi. Taip pat, Anglijos sutarčių teisė yra žinoma, kaip itin išsivysčiusi, labai detalizuota, ir labai aiškiai prognozuojama, o Londono teismai bei arbitražai turi didelę patirtį ir todėl Londonas tuo pirmauja pasaulyje. Jeigu pamenate, šalys buvo parinkusios Anglijos teisę vėliau išgarsėjusiai sutarčiai dėl Mažeikių naftos tarp *Williams* bendrovės ir Lietuvos Respublikos.

Kita favoritė (net Europoje!) yra Niujorko (*New York*) valstijos teisė. Priežastys yra panašios kaip ir dėl Anglijos teisės. Vis dėlto reikėtų paminėti, kodėl nepasirenkama tarkime „JAV" teisė. Tai yra todėl, kad JAV yra federalinė valstybė. Federalinė JAV teisė egzistuoja, tačiau iš esmės tai yra *lato sensu* (plačiąja prasme) konstitucinė teisė. Tačiau ta teisė, kuri taikytina sutartims, yra 50 *atskirų* JAV valstijų teisė (JAV teisei priklauso dar ir Puerto Riko teisę, be to, Puerto Rike, kaip nebūtų keista, taikomas civilinis kodeksas, kuris iš esmės yra Ispanijos civilinis kodeksas su nedideliais pakeitimais, o Luizianos sutarčių teisė – tai iš esmės kontinentinė, prancūziška). Pati JAV Niujorko valstijos (*New York State*) teisė yra laikoma labiausiai išsivysčiusia - ne veltui Niujorko valstija vadinama *Imperine*.

Vis dėlto buvo manoma, kad reikalingas kitas, galbūt neutralesnis pasirinkimas. Galų gale, 1994 m. gegužę tokia galimybė atsirado, kai *Tarptautinis privatinės teisės unifikavimo institutas* (UNIDROIT) patvirtino naujai parašytus *Tarptautinių komercinių sutarčių principus* (toliau- *Principai*), kurių patobulinta redakcija paskelbta 2004 m. UNIDROIT buvo įkurtas dar 1926 metais. Šis tarp-valstybinis institutas yra išlaikomas 61 valstybės dotacijomis (svarbiausias donoras: Italijos Vyriausybė). *Principai* buvo ruošiami net dvidešimt metų. *Principus* ruošę ekspertai buvo ne tik iš Europos ir JAV, bet ir iš Afrikos, Azijos ir Pietų Amerikos.

Principai, neįskaitant komentarų, kurie laikomi *Principų* sudėtine dalimi, yra dokumentas, kurį sudaro 185 straipsnių (apie aštuoni tūkstančiai žodžių). Šis dokumentas kartais vadinamas *restatement* arba tarptautinės komercinės teisės „persakymu." *UNIDROIT* yra patvirtinęs oficialius savo *Principų* vertimus į prancūzų, italų, vokiečių ir ispanų kalbas. Taip pat yra neoficialios redakcijos ir rusų, japonų, hebrajų, olandų, portugalų, kinų ir kt. kalbomis. Galbūt yra redakcija ir lietuvių kalba, tačiau straipsnio autorius jos nėra aptikęs.

Principai yra vadinamosios *soft law* (švelniosios teisės) pavyzdys: neprivalomas, šalių laisvai pasirenkamas, privačios iniciatyvos sukurtas teisės aktas su prie jo pridėtu komentaru yra panašus į kodeksą. *Principai* priimtini tiek kontinentinės teisės, tiek anglo-saksų teisės specialistams. Juos galima laikyti tiltu tarp įvairiausių pasaulio šalių ir teisinių sistemų. To pavyzdžiu galėtų būti tai, kad *Principuose* sąmoningai vengiama terminologijos, kuri būtų specifiškai susieta su viena ar kita teisine sistema. Tarptautinį *Principų* pobūdį rodo ir tai, kad oficialiose komentaruose nėra jokių nuorodų į atskirų valstybių normas, paaiškinant išvados pagrindus ir politiką, vienintelė išimtis – nuoroda į Prekių konvenciją.

Principai sulaukė nepaprastos sekmės. Kai šalys nurodo, kad jų ginčą spręs tarptautinis arbitražas (ne paprastas, vienos ar kitos valstybės teismas), beveik visuomet kartu nurodoma, kad taikytina teisė yra ne kas kita, o *Principai*. Ne tik tiek: daugelis valstybių, priimdami naujus teisės aktus, modeliuoja juos pagal *Principus*. Lietuva ne išimtis. Daugelis LR Civilinio kodekso normų, reglamentuojančių sutartis, atrodo, yra paimtos pažodžiui iš *Principų*.

Tai, kad LR CK kiek harmonizuotas su *Principais* tikrai nepakenkia Lietuvai vis labiau integruotis į pasaulinę ekonomiką. *Principai* skatina tarptautinę prekybą (globalizaciją), nes sumažina vadinamą tranzakcijos kainą: dėl harmonizuotų teisinių taisyklių informacijos kaina apie atitinkamą teisinį režimą tiems, kurie pasirenka tas taisykles (verslininkams ir, galiausiai, vartotojams), yra, ko gero, gerokai mažesnė negu būtų priešingai.

Principų neprivalomumas savo laiku buvo ganėtinai naujas dalykas. Palyginimui – Prekių konvencija yra būtent ją pasirašiusių valstybių teisės dalis, kaip ir visos tarptautinės sutartys. Atitinkamai Prekių konvencija taikoma esant tam tikroms sąlygoms, net kai sutarties šalys jos nėra pasirinkusios (kadangi Prekių konvencija turi įstatymo galią). *Principai* iš pat pradžių buvo įsivaizduojami kaip *soft law* normų sistema. Kaip tokia, ji įrodė, kad *soft law* gali būti labai efektyvus dalykas. Dabar vis daugiau ES reformų daromos *soft law* būdu; neseniai pasirodė ir *Europos sutarčių teisės principai*, kurie savo paskirtimi panašūs į UNIDROIT *Principus*, tačiau skiriasi nuo *Principų* tuo, kad dar turi tikslą būti pirmu žingsniu link Europos sutarčių teisės kodekso. UNIDROIT *Principų* sėkmė įkvėpė *Europos sutarčių teisės principų* kūrėjus, įrodė, kad iš esmės yra galimas europinis kodeksas.

Kokie buvo 2004 metų *Principų* pakeitimai? Todėl, kad *Principus* lydėjo universalus pripažinimas ir t.p. todėl, kad nekilo *Principų* taikymo problemų, buvo pakeistas tik vienas 1994 m. redakcijos straipsnis (tiksliau, pastraipa) Tačiau buvo keletas pakeitimų oficialiuose komentaruose; ypatingai buvo pateikta daug naujų pavyzdžių, susijusių su sutarčių sudarymo elektroniniu būdu. Taip pat, *Principai* buvo papildyti penkiais straipsniais (skyriais): įgaliotinių galių ribos; išlygos trečioms šalims; įskaitymas; teisių perleidimas; skolų perkėlimai, delegacija, novacija ir ieškininė senatis. Taip pat senieji skyriai buvo papildyti dviejais naujais punktais: dėl teisių atsisakymo ir dėl veiksmų nuoseklumo.

Teisių atsisakymo institutas yra ypatingai svarbus, o rytų Europoje jis problematiškas, nes nebuvo pripažintas Sovietmetyje. Iliustruoti, kas yra tas teisių atsisakymo institutas, galima taip pat parodyti, kaip UNIDROIT *Principai* gali būti kompleksiško transnacionalinės teisės sprendimo įrankiu. Kai kuriose šalyse, ypač Europos pakraštyje ar už jos ribų, yra problemų su neadekvačia arba ne-vakarietiška teisės teorija, tame tarpe ir teisės metodologija. Ne, tai nėra vien atsitolinusių-nuo-realybės profesorių klausimas; šios problemos paveikia visus gyventojus. Pasaulyje žinomi atvejai, kai šalyje, priėmusioje įstatymus pagal vienos šalies modelį, buvo taikoma dar kitos šalies teisės teorija. Tokie atvejai yra įdomūs, bet nieko tokio, jeigu tiek įstatymai, tiek teorija, yra vakarietiška. Tačiau, kai taip nėra, kyla didelė teisinė problema: patys įstatymai atrodo nepriekaištingi, tačiau jų taikymas, geriausiu atveju, yra neprognozuojamas, absurdiškas ir net anti-teisinis.

Štai konkretus pavyzdys, susijęs su teisės atsisakymo institutu. Šiaip pagal Sovietinę teisės teoriją tokio dalyko nelabai galėjo būti, net kai "teisę" suteikė tik kita sutarties šalis. O atsisakyti tam tikros teisės, kurią tiesiogiai suteikia įstatymas, dar ir dabar, kai kur, yra neįsivaizduojamas dalykas. Tačiau visos teisės kyla iš „įstatymo" ta prasme, kad tik per teismus, kitaip sakant, per valstybę, galima tas teises apginti. Vienas sutarties pavyzdys, kai šalys labai akivaizdžiai apriboja savo teises, būtų akcininkų sutartis. Akivaizdu, kad įstatymas bus suteikęs teisę akcininkams balsuoti, kaip tik akcininkas nori; lygiai taip pat akivaizdu, kad kartais yra naudinga akcininkų susitarime įsipareigoti iš anksto dėl tam tikrų klausimų sprendimo.

Dėl to kartais yra patartina tam tikrus klausimus „iškelti" iš vienos šalies į kitą. Problematiškos šalies bendrovės vienintele akcininke tampa bendrovė, įsteigta kitoje, labiau išsivysčiusios ir prognozuojamos teisės šalyje. Akcininkai valdo dukterinę įmonę per motininę. Galima, žinoma, nurodyti, kad motininės bendrovės akcininkų sutarčiai galiotų tos kitos šalies teisė, tačiau, kita vertus, yra paprasčiau nurodyti, kad jai taikomi UNIDROIT *Principai*.

Taigi, šalys iš esmės turi teisę sutartyje susitarti, kad jų sudaromai sutarčiai būtų taikomi UNIDROIT *Principai*. Tokiu atveju, *Principuose* įtvirtintos nuostatos turės viršenybę prieš valstybės teisę, kuri kitaip būtų taikoma sutarčiai, išskyrus jos imperatyvines normas. Šalys gali pasirinkti, kad būtų taikomi visi *Principai*; šalys taip pat gali nustatyti, kad būtų taikomi tik išvardyti *Principų* straipsniai . Žinoma, vėliau Šalys taip pat gali pakeisti šiuos pasirinkimus pagal normalias sutarties pakeitimo taisykles.

Ateina Europinis prekių pardavimo kodeksas

Apskaitos, audito ir mokesčių aktualijos
2012 m. balandžio 16 d., Nr. 15

„TRAUKINYS jau išvykęs iš stoties". Tokie buvo žodžiai p. Viviane Reding, Europos Sąjungos teisingumo komisarės. Komisarė taip kalbėjo Europos sutarčių teisės 2011 m. gegužės 3 d. forume, kurį Europos Parlafmente suorganizavo Europos Sąjungos Parlamento konservatoriai ir reformatoriai *ECR* bei kuriame teko dalyvauti. Šitaip komisarė atsakė į fundamentalų klausimą: ar bus ar nebus Europinio sutarčių teisės kodekso. Komisarė šiais žodžiais leido suprasti, kad politinis sprendimas jau priimtas: Europinis kodeksas *bus*.

Komisarė, matyt, žinojo apie ką kalba. Nors tai šiek tiek ir užtruko, tačiau oficialūs pasiūlymai jau pasirodę: visai neseniai, 2011 m. spalio 11 d. paskelbti oficialių pasiūlymų tekstai.

Projekto dokumentus sudaro:

➤ Naujojo kodekso tekstas
➤ Poveikio įvertinimai
➤ Egzekutyvinė santrauka.

Nota bene: Nors, kaip toliau paaiškinta šiame straipsnyje, naujasis kodeksas reglamentuoja tik prekyba prekėmis, ir todėl galbūt būtų tiksliau jį vadinti kitaip, Europinėse institucijose jis vis dėl to vadinamas „pardavimų kodeksu" arba net „sutarčių teisės kodeksu."

Naujojo Europinio kodekso įdomybės yra šios:

1. Kodeksas yra vad. „*opt-in*" – tai reiškia, kad galima pasirinkti jį taikyti ar ne, ir, kad jis nebus taikomas, nebent šalys dėl jo taikymo aiškiai susitars (jį aiškiai pasirinks). Europinio kodekso „*opt-in*" taikymo taisyklę galima palyginti su Jungtinių Tautų prekių pardavimo konvencija, kuri yra *opt-out* – ji visuomet bus taikoma, nebent šalys aiškiai nustato, kad nebus.

2. Kodeksas reglamentuoja sutartis tarp firmų („B 2 B") ir tarp firmų ir vartotojų („B 2 C").

3. Kodeksas taikomas tarptautinei prekybai, įskaitant internetinėms parduotuvėms.

4. Naujasis kodeksas taikytinas tarptautinei prekybai (prekėmis) ir ne vidaus (nacionalinei) prekybai. Reiškia, kad vartotojų sutartys (sąlygos, reglamentuojančios jų atliekamus pirkimus) su vietiniais (savo šalies) tiekėjais, bus kaip ir anksčiau reglamentuojamos nacionalinės teisės. Tačiau su naujuoju kodeksu atsiveria kita galimybė: kai vartotojas gyvena vienoje ES valstybėje narėje ir parduotuvė veikia kitoje, sutartyje galima bus

numatyti, kad taikomas ES prekių kodeksas vietoje vartotojo valstybės narės teisės.

5. Teoriškai manoma, kad naujasis ES kodeksas sumažins vad. informacijos kaštus ir didins, skatins, ir pagerins tarptautinę prekybą.

6. Pagaliau mano mėgstamiausias punktas: ES kodekse yra fakultatyvinis straipsnis, pagal kurį ES valstybės narės (t.t. ir Lietuva) gali nustatyti, kad kodeksas būtų taikytinas ir vidaus (nacionalinei) prekybai. Reiškia, kad, jeigu valstybė narė priimtų kodeksą vidaus prekybai, jis būtų taikomas, jeigu šalys jį pasirinktų prekių pardavimo metu.

Kokia kodekso *raison d'être*? Trumpai tariant, kodekso naudingumas yra paaiškinamas daugiau ar mažiau standartinėmis tokių teisinių sistemų (kaip antai JT prekių pirkimo pardavimo konvencija) iteracijomis arba mantromis. Seka kelios galbūt įdomesnės ištraukos:

[Kalbant apie *B 2 B*] „Kai tarpvalstybinius sandorius sudaro prekiautojai, šalims taikomi ne tie patys taikytinos teisės apribojimai. *[plg. su vartotojų sutartimis]*. Tačiau ekonominis derybų dėl užsienio teisės ir jos taikymo poveikis *[t.y., kaštai]* taip pat labai didelis. Sąnaudų, patiriamų sprendžiant su skirtinga nacionaline teise susijusius klausimus, našta ypač slegia MVĮ *[MVĮ - mažosios ir vidutinės įmonės].*"

„*Santykiuose su didesnėmis bendrovėmis, MVĮ paprastai yra verčiamos sutikti taikyti savo verslo partnerio siūlomą teisinį režimą ir padengti išlaidas, būtinas sužinoti apie tą užsienio teisę, kuri taikytina jos sudarytai sutarčiai taikytinos teisės ir* **sužinoti kaip jos laikytis.** *Net tarptautinėse sutartyse tarp MVĮ [MVĮ – MVĮ], būtinybė derėtis dėl taikytinos teisės sudaro didelę kliūtį tarpvalstybinei prekybai.*"

„Abiejų sutarčių rūšims [verslas su verslu, verslas su vartotoju], šitie papildomi sandorių kaštai MVĮ gali būti net neproporcingi sandorio vertei. Šios papildomos sandorių sąnaudos auga proporcingai valstybių narių, į kurias prekiautojas eksportuoja, skaičiui.“

[Dėl sutarčių tarp verslininkų ir vartotojų (vad. „B 2 C“)] „Dėl didesnės ir geresnės pasiūlos pirkti užsienyje galėtų būti gerokai ekonomiškiau, tačiau dauguma Europos vartotojų perka tik savo šalyje. Viena iš svarbių tokią padėtį lėmusių priežasčių – vartotojų netikrumas dėl savo teisių tarpvalstybinių sandorių atveju, dažnai kylantis dėl nacionalinės teisės skirtumų.“

"Pavyzdžiui, vienas iš labiausiai jiems rūpimų klausimų – kokiomis priemonėmis jie gali apginti savo teises, kai kitoje valstybėje narėje įsigytas produktas neatitinka sutarties reikalavimų. Todėl daugelis vartotojų vengia pirkti iš pardavėjo, esančio kitoje šalyje.“

Dėl cituojamo *B 2 B* pateisinimo, Komisarė gegužės 3 d. atsakydama į klausimą pareiškė, kad pagal jos turimus duomenis, įmonei, norinčiai parduoti [iš savo valstybės narės] prekes visose 27 ES valstybėse narėse šalis turėtų 150 000 EUR teisinių kaštų vien tik dėl sužinojimo kokios yra taikytinos teisinės normos.

Man dėl šių teiginių (tiksliau - mantrų) kyla abejonių, ir ne man vienam. Dėl komisarės V. Reding teiginių buvo suabejota kelių asmenų, dalyvavusių užklausime, ką rodo užklausimo protokolas, kurį turiu archyve. Kai kurie iš kalbėjusiųjų, kurie visi, berods, buvo iš tarptautinių advokatų kontorų arba įvairių vartotojų ar *MVĮ* susivienijimų atstovai, tikino, kad smulkieji verslai, apie kuriuos eina kalba, iš tikrųjų nemato problemos dėl priverstinio užsienio teisės pasirinkimo. Kiti ginčijo duomenis dėl Komisarės pateiktų kaštų.

Iš tikrųjų, naujausi tyrimai rodo, kad teisės pasirinkimas nėra klausimas, kurį iš viso nagrinėja dauguma įmonių, užsiimančių tarpvalstybine prekyba.

Naujausi tyrimai, atrodo, tai patvirtina. Vienas mokslininkas aiškina, kad tai yra dėl nepakankamo išprusimo ir supratimo teisės, kaip dalyko, kuris yra naudingas tiktai esant ginčui (o ne dėl to, kad būtų galima tiksliai žinoti savo įsipareigojimų apimtį ir tokiu būdu optimizuoti savo vykdymo našumą). Minimos studijos autorius yra Gilles Cuniberti, Liuksemburgo universiteto dėstytojas; įdomus sutapimas, kad Komisarė V. Reding yra Liuksemburgo pilietė ... .[65]

Iš savo praktinės patirties galiu pasakyti, kad daug tiesos yra tame, kad šiais tarpvalstybiniais prekybos režimais nepasiekiama tai, kas reklamuojama. Jei tai tiesa, tai reiškia, kad MVĮ *nebus* naudingas šis naujas Europinis pardavimų kodeksas tiksliai dėl to, kad tai yra pasirinktinis (*„opt-in"* rūšies) teisės aktas. Nebus nei pakankamai išmanančių kaip jį naudoti, nei motyvuotų. Ir vis dėlto yra būtent šie žmonės ir įmonės, kuriems labiausiai reikia šio režimo, bent pagal jo puoselėtojų aiškinimus.

Aš negaliu nepaminėti kitos įdomybės. Nors prieš kelerius metus skaičiau kelių šimtų puslapių teorinę „žaliąją knygą" (angl., *green paper*), nebuvau susipažinęs su siūlomojo teisės akto tekstu (jis formaliai dar nebuvo paskelbtas). Per minėtą užklausimą Europos Parlamente, rengiamas teisės aktas buvo vadinamas „sutarčių kodeksu." Todėl dariau lyg ir natūralią prielaidą, kad jis taikytinas ir tarpvalstybinėms paslaugų sutartims. Tačiau taip, pasirodo, nėra: apima tik prekyba prekėmis.

---

[65] Gilles Cuniberti, *Is the CISG Benefitting Anybody?* 39 Vanderbilt Journal of Transnational Law 1511, (2006) (*talpinama* SSRN: http://ssrn.com/abstract=1045121).

Čia paranku paminėti oficialią priežastį, kodėl JT prekių konvencija nėra laikoma pakankama: keturios ES šalys nėra jos pasirašiusios (Anglija, Portugalija, Malta ir Airija), ir konvencija, esą, nėra „pakankama" (išsami, viską apimanti). Ir, kaip patvirtina posėdžio protokolas, visos Britanijos suinteresuotos organizacijos yra pasisakiusios prieš siūlomą kodeksą. Niekam toje šalyje nereikia šio kodekso, bet, matyt, niekam tai nerūpi. Tokia Europos Sąjungos realybė.

Nepaisant visos retorikos ir visų nuolat kartojamų šamaniškų mantrų (ū, ū, bus kodeksas, ū ū visiems gerai), klausimas galėjo būti išspręstas paprasčiau. Atsižvelgiant į tai, kad režimas yra *opt-in*, tai yra, pozityviai pasirenkamas, bent kiek tai susiję su sandoriais tarp verslininkų, būtų buvę galima ES teisės aktu nustatyti, kad UNIDROIT tarptautinių sutarčių principai ir kiti vad. *soft-law* (švelniosios teisės) instrumentai (kaip antai „PECL" – Europos sutarčių teisės principai), šalims juos pasirinkus, būtų pripažinti valstybių narių teismuose (ne tik arbitraže). JT prekių pirkimo-pardavimo konvencijos atveju, būtų buvę galima ją papildyti straipsniais, kurie taikytini sutartyse tarp ES valstybių narių, kurios taip pat yra prisijungusios prie konvencijos.

Kalbant apie vartotojų sutartis (*B 2 C*), kodėl negalima būtų pakeisti taikytinos teisės taisyklės? Šiuo metu taisyklė yra tokia: taikytina teisė yra tos šalies, kurioje gyvena vartotojas-pirkėjas. Kodėl ne atvirkščiai? Tai yra, vis dėlto, jeigu latvis užsisako prekę iš parduotuvės Maltoje, kodėl turėtų būti taikoma Latvijos teisė?

Bet traukinys yra išvažiavęs iš stoties. Tikėkimės, kad „viskas bus gerai," kaip mums liūliuojama. Gal ir bus.

Tarptautinė prekių konvencija

Apskaitos, audito ir mokesčių aktualijos
2008 m. sausio 7 d., pirmadienis, Nr. 1 (481)

PASTARUOSIUS kelis dešimtmečius trans-
nacionalinė teisė labai pasikeitė, buvo išplėtota. Vienas iš
svarbiausių dokumentų, priimtų šioje srityje – 1980 m. *Jungtinių
Tautų konvencija dėl tarptautinio prekių pirkimo-pardavimo
sutarčių.* Angliškai šios konvencijos trumpinys CISG (kartais
pasigirsta ir sulietuvintas variantas *Cizgas*), tačiau šiame
straipsnyje vartosime trumpinį – *Prekių konvencija* arba tiesiog
Konvencija.

Viena iš Prekių konvencijos idėjos atsiradimo priežasčių
pateikiama pačioje jos preambulėje: „vienodų normų,
reguliuojančių tarptautinio prekių pirkimo-pardavimo sutartis ir
atsižvelgiančių į skirtingas visuomenines, ekonomines ir teisines
sistemas, priėmimas prisidėtų prie teisinių barjerų tarptautinėje
prekyboje pašalinimo ir skatintų tarptautinės prekybos plėtrą."

Kodėl tą tarptautinę prekybą reikėjo skatinti? Tai lėmė
dvi pagrindinės teisinės problemos, susijusios su tarptautine
prekyba: ginčo sprendimo vieta ir taikytina teisė. Prekių
konvencijoje nurodoma, kuri teisė yra taikytina prekių pirkimo

sutarčių atveju, kai pirkėjo ir pardavėjo buveinės yra skirtingose šalyse: tokiu atveju, taikoma Konvencija.

Kartą kolega manęs paklausė, kodėl negalima tiesiog įrašyti į tarptautinę prekių pirkimo-pardavimo sutartį, kad, kilus ginčui, būtų taikoma atsakovo teisė. Pateikiu pavyzdį. Anglijos įmonė sudaro sutartį su Brazilijos įmone. Jeigu anglai pateikia ieškinį – taikytina Brazilijos teisė, jeigu brazilai pateikia ieškinį – taikytina Anglijos teisė. Jam tai atrodė puikus sprendimas. Deja, problema yra ši: priėmus tokį sprendimą, šalys nei sutarties sudarymo, nei jos vykdymo metu nežinotų, kurios šalies įstatymai ją reguliuoja, tai reiškia, kad nežinotų savo teisių ir pareigų. Nežinotų, kaip vykdyti sutartį.

Prekių konvencija taikytinos teisės problema išsprendžia. Konvenciją yra pasirašiusios net 70 šalių, įskaitant Lietuvą, JAV, Rusiją, Latviją, Estiją, Gudiją, Vokietiją bei Lenkiją. Yra kelios svarbesnės šalys, kurios nėra jos pasirašiusios: tarp jų yra Anglija (DB) ir Brazilija.

Prekių konvencija galioja automatiškai kai sutarties šalys (dalyviai) sudaro sutartį jeigu šalys turi savo pagrindines buveines skirtingose konvenciją pasirašiusios valstybėse.

Pavyzdys: Lietuvos įmonė, veikianti Klaipėdoje, sudaro sutartį su Latvijos įmone, veikiančią Rygoje, pirkti iš Latvių jogurtus. Sutartis nenurodo kurios šalies (Lietuvos ar Latvijos) teisė sutarčiai taikytina. Galioja Prekių konvencija.

Tačiau yra ir kitas galimas atvejis. Pavyzdys: Faktai tokie patys, tik sutartyje nustatyta, kad jai taikytina Latvijos teisė. Ar Prekių konvencija galioja? Taip. Tai yra todėl, kad todėl, kad tarptautinės sutartys tampa pasirašiusios valstybės teisinės sistemos dalimis. Kitaip sakant, Prekių konvencija yra Latvijos (taipogi ir Lietuvos) teisinės sistemos dalimi.

Jeigu norima, kad konvencija nebūtų taikoma, reikia specifiškai taip susitarti ir įrašyti. „*Šiai sutarčiai Jungtinių tautų konvencija dėl tarptautinio prekių pirkimo-pardavimo sutarčių netaikytina.*" Tačiau nebent sutartis yra ypatingai riesta ir komplikuota, nepatartina to daryti.

Prekių konvencija neapima visų tarptautinių sutarčių. Ji galioja tik prekių pirkimo-pardavimo sutartims. Konvencija nereguliuoja paslaugų (t.t. rangos), distributorių, transporto, draudimo sutartis, taip pat dėl akcijų, elektros, lėktuvų, laivų pirkimo-pardavimo sutartis. Konvencija taip pat nereglamentuoja klausimus dėl sutarties galiojimo, tai yra, dėl galimai neteisėto jos tikslo, t.p. dėl apgaulės ar suklydimo (konv. str. 4-A). Tai buvo padaryta sąmoningai, išvengti ginčų ir pasiekti, kad konvencija būtų skubiai priimama, nes ekspertai negalėjo tarpusavyje susitarti dėl šių klausimų. Tokie klausimai sprendžiami pagal „senas" privatinės tarptautinės teisės taisykles.

Kai pagal sutartį šalis (sutarties dalyvis) parduoda prekes ir kartu įsipareigoja teikti tam tikras paslaugas, Prekių konvencija galios jeigu sandorio dalykas yra pagrindinai prekių pardavimas (o paslaugų teikimas – tik šalutinis įsipareigojimas). Iš kitos pusės žiūrint, kai pagal sutartį yra numatoma parduoti prekes, tačiau sutarties dalykas iš esmės yra paslaugų teikimas, Konvencija nebus taikoma – nebent šalys kitaip susitaria.

Pavyzdys: Sutartyse dėl kompiuterinės įrangos (programos) sukūrimo ganėtinai dažnai būna numatyta, kad kartu su programine įranga bus perduodama tam tikra rašytinė dokumentacija ir laikmenos (CD, DVD, t.t.). Tokia sutartis vis dėlto yra laikoma paslaugų sutartimi, nes „prekės" kurios yra numatomos perduoti yra tikrai ne pagrindinis sutarties objektas.

Prekių konvencija taip pat nereglamentuoja prekių pardavimą vartotojams. Prekių konvencija taipogi nereglamentuoja tarptautines sutartis dėl prekių surinkimo tais atvejais, kai pirkėjas pateikia jų detales.

Prekių konvencija skirta reglamentuoti prekybos sutartis, todėl nereglamentuoja gamintojų ar distributorių atsakomybę (tais atvejais, kai gamintojas ar distributorius nėra sutarties šalis), nes tai iš esmės deliktinė atsakomybė, ne sutartinė.

Pavyzdys: Vokietijos gamintojas pagamino aparatą. Jį nupirko distributorius, esantis Belgijoje ir pardavė įmonei Latvijoje. Latvijoje aparatas sprogo dėl gamybinio broko. Prekių konvencija nereglamentuoja galimą gamintojo atsakomybę Latvijos įmonei. (Yra toks dalykas, gamintojo atsakomybė, tačiau tai iš esmės neįeina į sutartinės atsakomybės sąvoką, o į deliktinę). Tai nereiškia, kad gamintojas neatsakingas už žalą; tik, kad šis klausimas Konvencijos nereglamentuojamas.

Prekių konvencija nereglamentuoja ir iki-sutartinės atsakomybės (vad. *culpa in contrahendo*). Tam yra dvi priežastys. Pirmoji yra tai, kad dėl *culpa in contrahendo* buvo, Konvencijos paruošimo stadijoje, negalima susitarti, kadangi kai kuriose šalyse šios atsakomybės rūšies nėra, o kituose, kaip antai Anglijoje ir JAV, šis reikalas sprendžiamas kitais institutais. Antroji priežastis yra ši: kol šalys nesudarusios sutarties, Konvencija netaikoma, o šis institutas (iki-sutartinės atsakomybės) būtent reglamentuoja šalių atsakomybę šitoje stadijoje. Sunku būtų įtraukti į tokią konvenciją straipsnį dėl iki-sutartinės atsakomybės kai konvencijos prielaida yra, kad ji galioja tik šalims sutarius ir kartu numato galimybę šalims pasirinkti jos netaikyti! Lietuvoje iki-sutartinė atsakomybė yra reglamentuojama CK 6.163 str.

Yra ko gero ir trečia priežastis, kodėl Prekių konvencija nereglamentuoja iki-sutartinės atsakomybės. Dažniausiai, derybos dėl prekių pirkimo-pardavimo sutartys neužšitęsia ir nėra sudėtingos. Arba perki, arba neperki. Yra visai kas kita kalbant apie, sakykime, distributoriaus sutartis, kuriomis nustatomos ilgalaikės bendradarbiavimo sąlygos. Tačiau galima, esant poreikiui, susitarti dėl iki-sutartinės atsakomybės. Tai ganėtinai dažnai būna padaroma naudojant *letter of intent* rūšies sutartis (vad. „ketinimų protokolus").

Kodėl Anglija nėra pasirašiusi Konvencijos? Matomai, Anglijos biurokratai yra Konvencijos priėmimo šalininkai, bet, kai jie pakartotinai užklausia šalies gyventojus ir įmones bei organizacijas, mažai susilaukia palaikymo. Matyt, vyrauja idėja, „jeigu nesulūžę, netaisyti." Nėra jokių įrodymų, kad tai, kad jie nepasirašę kliudytų jiems puoselėti tarptautinę prekybą. O kartu yra ir susirūpinimas, kad priėmę Konvenciją, Londonas prarastų savo poziciją kaip populiariausią jurisdikciją spręsti ginčus tiek teismuose, tiek arbitraže.[66] Anglijos sutarčių teisė yra žinoma, kaip itin išsivysčiusi, labai detalizuota, ir labai aiškiai prognozuojama. Todėl šalys dažnai pasirenka, kad jų sutarčiai galiotų Anglijos teisė (net tais atvejais, nei viena, nei kita sutarties šalis nėra Anglijos įmonė). Kita priežastis dėl Anglijos sutarčių teisės pirmenybės: kaip nebūtų keista, Anglijos sutarčių teisė yra ... anglų kalboje, o labiausiai paplitusi antroji kalba, tiek Europoje, tiek pasaulyje, yra anglų.

Paminėję kalbą, galima grįžti prie Konvencijos. Konvencija turi penkias lygiavertes, vad. „autentiškas," versijas: arabų, kinų, anglų, prancūzų, rusų, ir ispanų. Nors yra ir lietuviškas vertimas (galima rasti *lrs.lt* tinklalapyje), tačiau reikia suprasti, kad tai – tik vertimas. Jis negalioja, kadangi galioja tik autentiškos versijos. (Konvencija – nėra ES teisės dalis. Europos Sąjungos teisės aktų lietuviškosios versijos yra laikomos „autentiškomis."[67])

Žinoma, dėl tų autentiškų versijų: neįmanoma taip išversti, kad versijų tekstai nesiskirtų: kiekviena frazė atskiroje kalboje turi savo foną. Tai reiškia, kad, nustatyti, ką tikrai reiškia viena ar kita pastraipa, reikia žiūrėti į visų (autentiškų versijų)

---

[66] Sally Moss, *Why the United Kingdom Has Not Ratifed the CISG*, 25 JOURNAL OF LAW AND COMMERCE 483, (2005) (*talpinama* http://www.cisg.law.pace.edu/cisg/biblio/moss.html).

[67] Tadas Klimas ir Jurate Vaiciukaite, *Interpretation of European Union Multilingual Law* (June 1, 2005) (*talpinama* SSRN, http://papers.ssrn.com/sol3/papers.cfm?abstract_id=1265518).

variantus, arba, kitaip sakant, ieškoti straipsnio giluminės reikšmės, ne pažodinės. (Viršija teisė, ne kalba ar tekstas.) Tai yra normalus reiškinys tarptautinėje teisėje; panašiai yra ir su ES teisės aktais ir Europos Teisingumo teismo praktika. O visa tai reiškia, kad dabar vyksta procesas, panašus į tą, kuris vyravo prieš 150 m.: dabartiniai procesai, globalizacija ir Europinė integracija, reikalauja advokatų, gebančių dirbti daugianacionalinėje sferoje.

Vis viena, Prekių konvencija, tiek savo autentiškomis redakcijomis, tiek vertimais, sudaro galimybę sutarties šalims žinoti taisykles, kurios yra taikytinos sudarytai sutarčiai ir kurios reglamentuoja jų atsakomybę. Taip išvengiama sunkumų: vis dėlto, nors latvių kalba gimininga, kiek lietuvių pakankamai ją supranta, perskaityti ir suprasti Latvijos civilinį kodeksą? O estų prievolių teisės įstatymą? O Ispanijos CK? Tačiau visos šios šalys pasirašiusios Konvenciją, ir tai žymiai palengvina kalbinę problemą.

Tačiau yra kita medalio pusė. Kai kurie mokslininkai mano, kad Konvencija nepasiekia savo tikslų dėl to, kad daugybė verslininkų visai nekreipia dėmesio į taikytiną teisę.[68] Kiti galvoja, kad Konvencija praktiškai bereikšmė dėl to, kad nepakankamai įvertinta tai, kad daug kurių valstybių teismai neturi jokio supratimo apie tas teises normas, kurios yra įtvirtintos Konvencijoje.[69]

Vis dėlto, ko gero 1980 m. Prekių konvenciją reikia laikyti itin pasisekusią. Galima sakyti, kad ji pasiekė savo tikslą ir žymiai sumažino teisinių barjerų problemą tarptautinėje

---

[68] Gilles Cuniberti [U. of Luxemburg], *Is the CISG Benefiting Anybody?* 39 Vanderbilt Journal of Transnational Law 1511, (Nov.) 2006 (*talpinama* SSRN: http://ssrn.com/abstract=1045121)

[69] Tadas Klimas, *Baltic States, Belarus And Ukraine*, sk., INTERNATIONAL SALES LAW: A GLOBAL CHALLENGE 331, 337 (Larry A. Dimatteo red., Cambridge University Press 2014).

prekyboje pašalinimo ir skatina tarptautinės prekybos plėtrą. Konvencija taip pat buvo pademonstruota, kad galima sukurti įstatymus ar kodeksus, kurie pakankamai priimtini visiems, o tai irgi teigiamai įtakoja Europos integraciją sutarčių teisės srityje.

Apie autorių

Tadas Klimas – advokatas, knygos *Comparative Contract Law* (*Carolina Academic Press*) ir daugelio straipsnių bei LR įstatymų autorius, buvęs Seimo pirmininko patarėjas teisės klausimais, daugelį metų beteikiantis teisinę pagalbą Lietuvos IT įmonėms, dėstęs JAV, Lietuvos, Brazilijos, Ispanijos ir Vietnamo teisės mokyklose. 1992 m. jam suteiktas vienas iš pačių aukščiausių JAV apdovanojimų – *National Intelligence Medal of Achievement*. 2009 m. LR Prezidento dekretu taip pat buvo apdovanotas *Už nuopelnus Lietuvai* ordinu.

English Language Abstract

THE TITLE of this book in English is *Business Law*. It is a compilation of professional articles published over a period of years. All of these articles have been updated and expanded for this book.

In order to give the Lithuanian reader a good grounding in business law, the book contains essays describing the various types of business organizations. Three chapters provide an anatomy of the parts of a typical contract. Other chapters describe what is needful to know about contract formation, about corporations and other business organizations, and even about some issues concerning corporate governance. Special types of contracts are also detailed, such as confidentiality, contact referral, and commission agreements, as well as agreements for a commissioned work and others.

The reader will deepen his understanding of the law, but not only as it is in Lithuania. Most topics are explained in a comparative fashion, with reference to their historical roots or in regard to problems common to multiple countries. Generally, problems – both special ones created by vagaries of Lithuanian law as well as those which commonly arise due to the nature of the topic concerned – are presented with suggested solutions that the forewarned businessman can implement.

Indeksas

www.ingramcontent.com/pod-product-compliance
Lightning Source LLC
Chambersburg PA
CBHW022036190326
41520CB00008B/601